国語のアクティブラーニング

音読で育てる読解力

小学5年生以上対象　3

有限会社　言問学舎

国語のアクティブラーニング　音読で育てる読解力　小学5年生以上対象3

目次

はじめに　〈真の国語〉を学んでいただくために

この『国語のアクティブラーニング　音読で育てる読解力』も、この巻で通巻5巻、高学年用として第3巻となります。第1巻を二〇一九年三月に刊行してから、四年以上の年月が過ぎ去ってしまいました。この間、新型コロナウイルス禍に翻弄された三年間があり、どの業界も、また一般のご家庭も大変な苦労があったことと思います。私どもも、二〇二〇年の四月、五月は授業を全面休講とするなど（四月は七日から）、子どもたちの感染防止を至上命題としながら、「真の国語」の教育をつづけてまいりましたが、子どもたちもみな不安にかられている中で、従来以上に「国語の力の強さ、大切さ」を実感しました。内容的にはシリーズの仕上げとなるこの巻を刊行することができたのは、言問学舎の国語教育にご賛同下さるみなさまのおかげと、深く感謝致しております。

第1巻から通してお読み下さる方もおられるため、端的に言問学舎が提唱、実践する「真の国語」についてご説明します。「真の国語」とは、次のようなものです。

・正しい音読をすることで、文章の内容を正しく、深く理解する。
・適切な問いかけで考える手がかりをさし出し、「自分の考え」をまとめさせる（「読解シート」）。
・「読解シート」に書き出したことをもとにして、自分の考えを短い感想文として書き上げる。

この過程が、指導要領に書かれている「思考力」・「判断力」・「表現力」を養います。そして、この勉強を二～三か月つづけたお子さんは、二〇〇字詰め原稿用紙三枚程度の文章を苦にせず書けるようになるのが標準ですし（小学三、四年生以上）、文章に直接書かれているのでない本質的な内容を読みとる読解力や、大学入学共通テストを代表として増加傾向にある「自分やいろいろな人の考え方」をとらえる力も、しっかり身につけられます。

本書はこうした「真の国語」の力を、小学校高学年から中学、高校にかけてのお子さんたちが、まずは一人で、自宅学習で実践し、身につけられる教材として、文京区で独創的な国語教育を展開して二十一目に入った言問学舎が作りました。公立中高一貫校の適性検査や大学入学共通テストをはじめとして、「真の国語」の力で受験を成功させた子も、たくさんいます。能動的に学ぶ力を、自分で音読し、自分で答えをさがしていくことから自《おの》ずと身につけられるので、本書を『国語のアクティブラーニング　音読で育てる読解力』と命名した次第です。

国語が苦手なお子さんは、本書を国語に親しみ、文章を読んで考えることの手はじめにすることで、国語とのかかわり方が大きく変わることでしょう。そしてそもそも国語が得意であったり、好きであったりするお子さんは、国語の世界をより大きく切りひらいていくことができるでしょう。「大学入学共通テスト」をはじめ記述式の入試が多くなっていく今からの時代に強く求められる、「自分で考えをまとめて、書く」ことの基礎の力をしっかりつけることのできるのが、本書『国語のアクティブラーニング　音読で育てる読解力』なのです。このあと、具体的な使い方をまとめておきます。

なお、内容的に小学校高学年限定でなく、中学生、高校生にも読んで考えて欲しい文章を掲載しておりますので、小学5年生「以上対象」としてあります、また、とくに「わだつみのこえ記念館をたずねて」、「忘れまい、八月六日の広島の朝を」、『『長崎を最後の被爆地に』』の三篇は、「読解シート」の問いかけもお子さん一人で考えるのがむずかしい場合もあるかと思われますので、ぜひ保護者の方もご一緒に、読み、話し合って下さいますようお願い致します。

勉強のすすめ方

1．文章を一つずつ、ＤＶＤの音読を聞きながら読んで下さい（この時はご本人は黙読)。次に、ゆっくりでもかまいませんから自分で本文を音読してみて下さい。もちろんＤＶＤ抜きで自分で読んでもかまいませんが、必ず音読して下さい。親子で交互に読んでいただくのも、良いと思います。

2．一つ読み終わったら必ず、「読解シート」を書いて下さい。「シート記述例」を参考にしてもかまいません。

3．「読解シート」には、指定されている部分以外、「正解」は決められていません。あなたが感じ、考えたことを、素直に書いて下さい。ここでは一つ一つの問いかけに対して「正解」を求めているのではなく、これらの問いかけに対して考えたことを総合して、一つの作品についてのあなたの考えをまとめ上げていくための、「読解シート」です。

4．「シート記述例」に書かれている内容も、すべて小・中学生がそのようにして書いたものです。あなたの書いた答えが、すなわちあなたの「個性」なのです。

5．「読解シート」を書き終え、「シート記述例」とくらべたら、巻末の原稿用紙を使って、感想文を書きましょう。この場合も「文例」を参考にしてかまいません。

保護者のみなさまへ

本書は、「正解にたどりつく過程」を身につけるための教材ではありません。お子さんが、「自分で感じ、考えたこと」を表現するのをサポートする教材です。記述例や文例に沿っているかどうかではなく、お子さんらしい感じ方があらわれているかどうかで、書いた内容を見てあげて下さい。また、ぜひ保護者のみなさまにも文章をお読みいただけますよう、お願い申し上げます。なお、この巻では6篇中5篇で、「読解シート」が見開きでなく、表裏のページ構成になっておりますが、どうしても書くべき内容で文字数がほぼ上限に達したためであり、乱丁ではありません。また本書は内容上、動画校正後に本冊の再校正を要した箇所が多く、51ページの広島の原爆死没者数など、動画の音読と本冊の表記の一致していない箇所が何箇所かあることを、お詫び申し上げます（本冊の表記が正しいです）。

本を読むということ

「本を読む」ということを、みなさんももうそれぞれ何年間かずつ、最初はお父さんやお母さんにすすめられて、小学校へ上がってからは、学校からの紹介や夏休みの読書感想文コンクールなど、目的があって読むことも含め、経験していることでしょう。

今までに何冊くらい本を読んだか、覚えていますか。百冊を越えていて、今でもその十分の一くらいの本の題名を覚えていてすらすら言えたら、すばらしいです。

半世紀もむかし、私が子どもの頃は、AIを相手にやるゲームなんか、なかった。エポック社の「野球盤《ばん》」とか、「人生ゲーム」などはありましたから、従兄弟《いとこ》や友達が数人集まると、それらのゲームをやることもありましたが、家に一人でいるのなら、本を読んでいる方が楽しかった。外へ遊びに行くときは（草野球など）そちらに夢中になりましたが、夕方まで遊んで帰れば、晩ご飯の前に少し本を読む、という習慣が、五年生くらいの頃にはだいたいできあがっていたと思います。小説ばかりではありませんよ。当時多くの小学生が読んでいた『小学五年生』や『小学六年生』（注1）についていた付録の本を読みあさったり、何度も読んでいる「シートン動物記」やシャーロックホームズのシリーズなどもありました。とにかく興味のある本に読みふける。小学生時代はそれでいいのではないかと思います。

また、半世紀、つまり五十年もむかしの自分たちの時代の価値観を、みなさんに押しつけるつもりはありません。ただ、本を読むということが、だれのためでもなく、子どもでも大人でも、読む人自身にすばらしい力を与えてくれるということを、お話ししたいのです。

その「すばらしいもの」は、大きく言ってふた通りに分けられます。

ひとつ目、みなさんも聞いたことがあると思いますが、本を読む経験を通して、本を書いた未知の人物と対話をすることができ、その結果多くの知識をも得られることです。かんたんな例をあげましょう。

最近、「人生百年時代」という言葉を、よく聞きます。ネットでちょっと調べて出て来る数字では、二〇二二年の日本の男性の平均寿命が八十一・四七年、女性のそれが八十七・五七年だということです。

さて、かりにみなさんが、これからその平均寿命と「百歳」の中間ぐらいまで生きるとして、一生で何人ぐらいの人と知り合い、話をすることができるだろうか、ちょっと考えてみて下さい。私は大人になってから、人づきあいは多い方でしたが、塾に通ってくれた生徒たちとその保護者の方たちを含めても、せいぜい二千人か、三千人くらいのものだろうと思います。

しかし本を読むことに、物理的な制約はありません。まあ、一日に二冊読んでも一年に七百三十冊、三十年で二万冊ちょっとという計算です。それほど読むのは「本の虫」と言われる人でしょうし、学校や習い事、塾が忙しい、勉強もしなくちゃいけない、本なんか読めない！そう思う人がいても不思議はありませんし、仕方のないことでもあると思っています。

ただ、本というものは、いつでもどこでも読むことができます。毎日部活に習い事、塾があったら、三日や五日、一週間でコンスタントに本を読むのはむずかしいでしょう。でも月に一、二冊なら、読めないことはないのではないですか。

そして本がもたらしてくれる「すばらしいもの」のふたつ目は、自分の内面を大きく変えてくれることなのです。知識や情報なら、ネットや友人、家族との会話でも得られるでしょう。しかしネットで得た知識は、多くの場合、自分の中に残りません。知識だけなら、その都度《つど》見て確認すればいいという説もあって、何かに使う「知識」を確認したり、拡大したりするのならそれでもかまいませんが、そうした知識の集積がその人の内面にまで及ぶかと言うと、はなはだ心もとないと言えます。

本を読むことは、自分が今まで知らなかったことを、自分の頭であれこれ工夫しながら理解すること、すなわち自分の感性と思考力を駆使《くし》して未知のものを自分の内側に取り入れることで、その過程《かてい》で認識《にんしき》の仕方も変わります。その人の人間性そのものまで、大きく変える本というものが、存在します。それはその人を、多くの場合強くしてくれるものです。これがふたつ目で、たぶんＡＩには期待できないし、かりに効果があってもＡＩは、「向こうが解決策を教えてくれるしくみ」、本を読むのは、「ある人は気づかずに通り過ぎてしまう場面から自分だけに固有の深い意味を見つけ出し、それについて自分を深め、高めることがありえるしくみ」であって、根本的にしくみが違うのです。本を読むということは、自分を豊かにしてくれます。もちろん金銭面でなく、自分の内面、心の幅を、大きく広げてくれるということが、本を読むことで得られるもっとも大きな果実なのです。みなさんも早く、一冊でもいいのでそんな本と出会って下さいね。

私が「少年少女向け文学全集」などに収録されている作品でなく、自分で文庫本を買って小説を読んだのは、中学二年の時、武者小路実篤《むしゃのこうじさねあつ》の『友情』が最初でした。学校の国語科（？）からの推薦図書《すいせんとしょ》だったように記憶していますが、今から思えば、武者小路実篤《むしゃのこうじさねあつ》さんがその頃亡くなられたことに関連していたのかも知れません。

いずれにせよ当時の私は『友情』の世界にひきこまれ、すぐに『愛と死』の文庫本を購入して、読みふけりました。そして中学三年の時には夏目漱石《なつめそうせき》の『こころ』に圧倒され、高校一年の夏頃までは漱石の後期三部作、前期三部作を読み終えていたと思います。

高校一年の後半からは詩や短歌の方にうつっていきますが、詩の世界に入りこんだのは『高村光太郎詩集』がきっかけだったと思います。こちらはもっと直接的な高校の課題からだったと思いますが、心に残る本との出会いが学びの場でもたらされるということは、よくあることでしょう。そしてきっかけが何であれ、良い本との出会いが自分の糧《かて》になり、その人の人生を導いて行くことも、実に多くの人の実体験として、伝えられるところです。

内容も、文学の「名作」に限りません。その人の心の深いところに届く本であれば、どんなジャンルの本であっても、一向《いっこう》にかまいません。

そして「いい本だ」と感じた本を読み終わったら、必ず自分だけの「読書レポート」を作ってみましょう。テンプレートを使ってはいけませんよ。またむりに読書感想文の形にすることもありません。形式はどんな形でもかまいませんから、その本を読んで心に残った言葉、新しい発見、次に読みたい本を含む、その先への展望《てんぼう》。そういったことを、大学ノートやルーズリーフに、最初は走り書きでもかまいません。まずは消えていかないうちに書きとめるのです。そして、ある時点からは何らかの文章の形で、思いを整理して、あとで読み返すことのできるものとして、書いていきましょう。そうすることで、自分が感じたことをまず記録し、点検・分析し、より高い次元へと練り上げていくことができます。これはすべての「勉強」の過程と同じであり、身近な、かつ楽しみを併《あわ》せ持つ読書の機会にその経験を重ねることで、思考力を鍛え心をタフにすることも、期待できるのです。

本を読むというすばらしい行為を、ぜひ早いうちに自分の得手《えて》（注2）にしてみて下さい。やらされるのではなく、自分の好きな分野、関心の向く方面の本を読み、読書レポートを書くことで、あなたの人生は何倍も豊かなものになっていくことでしょう。

（注1　十数年前まで、小学生の全学年別に小学館から発行されていた、月刊の学習雑誌。現在は「小学一年生」のみ継続発行されている。

（注2　とくいわざ。

読解シート　本を読むということ

①本を読むのは好きですか、きらいですか。その理由もきちんと書いて下さい。

〈　　　　　　　　　　　　　　　　〉

②自分で読む本を選ぶとき、きっかけはどんなことが多いですか（親、先生にすすめられて。学校の紹介で。など・・・）。

〈　　　　　　　　　　　　　　　　〉

③本を読んだら、「読後レポート」を書くのが良いと、本文では言われています。どんなレポートがいいと思いますか。

〈　　　　　　　　　　　　　　　　〉

④あなたが好きな本のジャンルを教えて下さい。または、今までに読んで楽しかった本のジャンルでもかまいません。

〈　　　　　　　　　　　　　　　　〉

⑤あなたが今までに読んで一番いいと思った本の題名と、その本のどんなところが良かったのか、書いて下さい。

ア（本の名前）

イ（よかったと思うところ）

⑥あなたがこれから読んでみたい本、あるいは本を読んでこんなことをしてみたいと思うことなどを、書いて下さい。

〈

★シート記入と「シート解答例」とのチェックがすんだら、

原稿用紙に感想文を書いてみましょう！

〉

生きていてよかった

ある日、アキラは高校の最寄りの駅で、四年ぶりに会う友人を待っていた。山上《やまがみ》というその友人は、小学校の時の同級生だが、六年生の時に旅行先のアメリカで大けがをし、そのまま同地のおばさんの家にとどまって、向こうのジュニアハイスクールに進学したのだった。しかし今回、秋から日本の高校の二学期編入をするかどうかを決めるため、久しぶりに日本へ帰って来て、ほぼ四年ぶりの再会をしようということで、待ち合わせをしているのである。

「久しぶりだな。あいつ、大きくなったかな。」

アキラは小学校時代は背が低い方で、体が大きな子たちとやり合うのは苦手な方だったが、山上《やまがみ》はもっと小柄で、すばしこく動き回っては思いもよらないいたずらなどをして、みんなをおどろかせ、時にはひんしゅくを買ったりしていたのだった。

ところがゴールデンウィークにアメリカのおばさんのところへ遊びに行き、ハイウェーで車十二台が絡《から》む大事故に巻き込まれて、一時は歩けなくなるほどの大けがをしたのだと、連休明けに学校で聞かされて、アキラは悪い予感が的中してしまったと、くやんだのであった。

それというのも、アキラはその連休中、塾の帰りに、通りを走る救急車の「ピーポーピーポー」

の音を聞き、家族の誰かに何かあったのではないかと思って、走って家に帰ったのだが、家族や身内には何ごともなく、ほっとした。ただそれでも何かよくない感じが残り、浮かない気分で登校したその日に、山上《やまがみ》のことを聞かされたからである。

駅の案内放送が、山上《やまがみ》の乗っているであろう電車の到着を告げた。改札口の側から階段の方を見やって、アキラはふしぎな興奮をおぼえた。女の子と待ち合わせているわけでもないのに、どきどきする。

やがて階段を下りて来た乗客の一群の最後尾に、見覚えのある山上《やまがみ》のちょっと照れたような笑顔を見出し、アキラは大きく手を振った。山上《やまがみ》も片手をあげてそれにこたえる。

その時、突然アキラは思い出した。そうだ、山上《やまがみ》とは、彼があの事故にあう前に交わした約束があった。あいつ、覚えているだろうか。

その内容を詳しく思い出すより前に、自分よりやや上背《うわぜい》のある山上《やまがみ》が、アキラの目の前にぬっと立っていた。

「よお、久しぶり。元気だったか。」

四年前にはどちらかというとかん高い方だった山上《やまがみ》の声が、すっかり太く、低いものになっている。

「おいおい、そりゃこっちのセリフだよ。お前こそ元気そうで、よかったなあ。」

すると山上《やまがみ》の顔が、小学校時代に戻ったようにふにゃふにゃになり、やはり昔のような細い声で、こんなことを言ったのだ。

「そうなんだよお。あの時はやばかった。日本に帰れないし、下手したら死ぬかと思ったんだ…。」

とたんにアキラは、目の前にいるのが昔の小柄な山上《やまがみ》に思え、ポンポンとその肩をたたいていた。

「ほんとに、よく帰って来たよ。みんな元気だよ。」

すると山上《やまがみ》の目が、熱い光を帯びた。

「そうかい。早苗も元気にしてるかな。」

アキラは思わずつばを飲みこむ。こいつ、いきなり核心を衝《つ》いてきたか。アキラと山上《やまがみ》の約束とは、五年生の時テストの点数でいつも全然かなわなかった同級生の早苗よりもいい高校、いい大学に行こうというものだったのだ。中学受験のために猛勉強をしている早苗に今かなわないのは仕方がない、勝負は大学だ、などと、どちらが言い出したのかはもう忘れたが、それを二人の約束にしていたのに、事故のためとはいえ、山上《やまがみ》は突然、アキラの前から姿を消してしまったのだ。

「いや、早苗ちゃんがどうしてるかは、今は知らない。菫《すみれ》ちゃんとはたまに会うから、今度会ったら聞いてみるよ。」

「ふうん。お前、菫《すみれ》ちゃんとは仲いいの。」

「いや、別に何も、特別な関係じゃないさ。ただ電車の方向が同じだから、たまに行き会ったりするだけだよ。」

「彼女はどこの高校？」

「都立K高校さ。でも菫《すみれ》、早苗の二人は仲良しだったから、今でも時々一緒に遊んでるらしいよ。」

「よし、じゃあ情報収集はアキラにまかせた。それより俺は、あそこの高校に入れるように頑張らなくちゃやな。」

「あそこの高校、って？」

「うん。A県にある全寮制のB高校さ。二学期からの編入じゃ、あの辺くらいに行っておかないと、早苗には太刀《たち》打ちできんだろ。」

早苗は都内でも有数の女子の私立中高一貫校に進学した。もともと抜群の成績だった子が進学校にいるのだから、自分たちが肩を並べることができるのか、実ははなはだ心もとない。そのアキラの考えが伝わったのか、山上《やまがみ》もちょっと声のトーンを落として言う。

「まさか早苗、東大一本槍《いっぽんやり》じゃあないだろうな。そうしたら、俺らもよくよく考えないとな。」

「うん、その通りだ。東大より上はないからな。ただ前にちらっと聞いたところでは、部活も一生懸命やってるらしいから、勉強の方はどうなのかな。まあとにかく、まずは俺たち、秋から模試の成績をくらべよう。そうするうちには、菫《すみれ》ちゃんから早苗ちゃんの様子を聞けるかも知れない。すべてはそれからの話だよ。」

山上《やまがみ》は軽くうなずき、それから顔を上げると、静かにつぶやく。

「ああ、やっと日本に帰って来て、あの頃のみんなと競い合えるんだな…。生きていて、よかった。つくづく思うよ。」

昔の山上《やまがみ》からは想像もつかない言葉だったが、アキラの胸にも自然と、こみ上げてくるものがあった。

「俺も、お前が生きていてくれて本当によかったと思うよ。いや、お前の怪我《けが》のことだけじゃなくて、生きてるって、ほんとにいいよなあ。まだまだ俺たちの人生、これからだけど、たしかな今があってこそ、将来もあるはずだからな。」

山上《やまがみ》はわずかな間、腕組みをして共感の面持《おもも》ちを見せていたが、やがて昔のようににやりと笑うと、アキラを横目で見ながら言った。

「俺のことをだしにして、お前も菫《すみれ》ちゃんとの距離をちぢめられるかもな。」

山上《やまがみ》の目は、声の調子以上に笑っている。

「こいつう。お前のためだろ、菫《すみれ》ちゃんに早苗ちゃんのことを聞いてやるのは。」

「無理しない無理しない。お前が昔から菫《すみれ》に気があったのは知ってるよ。」

言うなり山上《やまがみ》は駆《か》け出した。その後を追って走りながら、アキラはたしかに山上《やまがみ》と、自分たちの間の時間が戻ってきたのを感じていた。そして軽々と走る山上《やまがみ》の足運びに安堵《あんど》しながら、心の中で、先ほどの山上《やまがみ》の言葉を反芻《はんすう》していた。二人の間に、それ以上の言葉は何もいらないように思われた。


――生きていて、よかった。

読解シート　生きていてよかった

①アキラは救急車の「ピーポーピーポー」の音を聞いて、家族のことが心配になり走って帰宅しました。どう思いますか。

〈　　　〉

②駅で待ち合わせをしている時、アキラは「ふしぎな興奮」をおぼえた、とあります。似たような経験があれば書いて下さい。

〈　　　〉

③山上の顔が「ふにゃふにゃ」になったのは、なぜだと思いますか。自分の考えを書いて下さい。

〈　　　〉

④早苗よりもいい高校、大学へ行くことを目標にしようしと言い出したのは、二人のうちどちらだと思いますか（理由も）。

〈　　　〉

⑤早苗が「東大一本槍じゃあないだろうな」と山上が言うと、アキラも、「東大より上はないからな」と言いました。そのことに、ア　賛成か反対か。イ　賛成ならその理由を、反対なら、そうでない具体的な例を書いて下さい。

ア	
イ	

⑥「生きていて、よかった。」という山上の言葉と、その言葉に同感しているアキラについて、自分の考えを書きましょう。

〈★シート記入と「シート解答例」とのチェックがすんだら、原稿用紙に感想文を書いてみましょう！〉

「わだつみのこえ記念館」をたずねて

言問学舎から遠くない本郷五丁目、有名な東大の赤門のすぐ近くに、「わだつみのこえ記念館」がありります。二〇〇六〈平成一八〉年一二月に開館されたとのことですが、今までお伺《うかが》いする機会をつくれず、この文章を書くために、五月の中旬にはじめてお邪魔《じゃま》致しました。

この記念館の「わだつみのこえ」とは、一九四九（昭和二四）年に東京大学協同組合出版部から初版が発行された戦没学徒《せんぼつがくと》の遺稿《いこう》集『きけわだつみのこえ』に由来《ゆらい》するものです。「戦没学徒《せんぼつがくと》」とは、第二次世界大戦（アジア太平洋戦争）の後期、本来大学や（旧制）高等学校などで勉学に励んでいるはずだったのに、戦争が激しくなったために軍隊にとられ、戦死した人々のことで、その人たちが書きのこした原稿や手紙が「遺稿《いこう》」です。また「わだつみ」とは海洋すなわち大海原《おおうなばら》、あるいは海の神のことを指します。

戦没学徒《せんぼつがくと》ほか多くの日本兵が、南方の海域で戦死しているため、その声に耳を傾けよということから、つけられたのでしょうか（注1）。戦争が終わったのは七十八年前のことですが、太平洋の島々や海底には、今も遺骨《いこつ》としてさえ日本に帰ることのできない戦死者が、たくさん眠っておられます。

その方たちからの「こえ」を聴くことは、現在のわたしたちにとってきわめて重要なことでありましょう。

そもそも日本がかつて行った戦争について知らない人もいるでしょうから、少し説明しておきます。一九三一（昭和六）年、柳条湖《りゅうじょうこ》事件を皮切《かわき》りに「満州事変《まんしゅうじへん》」があり、ここからの十五年、日本は戦争をしている状態がつづきました。それから一九四五（昭和二〇）年八月の敗戦までを、「十五年戦争」と呼ぶことがあります。

一九三七（昭和一二）年からは、中国との全面戦争となりました。翌年の一九三八（昭和一三）年には、国家総動員法《こっかそうどういんほう》が定められ、国民を全面的に戦争に協力させる体制がとられます。そして一九四一（昭和一六）年一二月八日には、海軍の航空隊がハワイの真珠湾《しんじゅわん》を奇襲《きしゅう》、同時に東南アジアのマレー半島にも陸軍が上陸、進攻して、アメリカやイギリスとも戦争をはじめました。ここからを、戦後になってからは太平洋戦争と呼んでいます（近年、アジア太平洋戦争とも）（注2）。

当初は各方面で日本軍が優勢《ゆうせい》でしたが、一九四二（昭和一七）年の中ごろからは、海軍、陸軍とも劣勢《れっせい》になっていきます。工業力、物量《ぶつりょう》（兵器や弾薬《だんやく》などを製造する力、その量）で圧倒的に劣る日本は、劣勢《れっせい》を挽回《ばんかい》することができず、南太平洋まで拡大していた戦線は、どんどん押し戻されていきました。

一九四三(昭和一八)年一〇月には、それまで徴兵《ちょうへい》を猶予《ゆうよ》されていた(卒業まで軍隊に入らなくてよかった)文系と一部理系の大学生などが、その「猶予《ゆうよ》」を取り消され、軍隊に入らなければならないこととされました。これが「学徒出陣《がくとしゅつじん》」と言われるものです。

本来は学問をすることで国に貢献《こうけん》するつもりでいた多くの「学徒《がくと》」が、明日の命の保証のない軍隊への入隊を余儀《よぎ》なくされたのです。翌一九四四(昭和一九)年一〇月には海軍の特別攻撃(特攻《とっこう》)が開始されており、ほどなく陸軍も特別攻撃を開始。さらに通常の飛行機ばかりでなくいくつもの特攻《とっこう》兵器が開発、実用化されて、爆弾とともに敵に体当たりする特攻《とっこう》が、南方の前線だけでなく内地(国内)でも編成され、出撃するようになりました(注3)。

戦局は厳《きび》しさを増す一方で、一九四五(昭和二〇)年七月には連合国から無条件降伏をよびかける「ポツダム宣言《せんげん》」が出されましたが、日本政府は明確な回答をせず、八月六日に広島、九日には長崎に原子爆弾が投下されました。またソ連も参戦《さんせん》したため、八月一五日に昭和天皇の「玉音放送《ぎょくおんほうそう》」が行われ、終戦(無条件降伏《むじょうけんこうふく》である敗戦)となりました。

『きけわだつみのこえ』は、二度にわたって映画化されています。一九九五（平成七）年六月封切の東映・バンダイ提携作品の脚本を書かれた早坂暁《あきら》氏は、学徒出陣で戦地へ赴《おもむ》かなければならなかった学徒たちについて、次のように述べておられます。

「かれらは普通の兵隊さんと違って、死ぬ意味を必死に模索《もさく》し続けた。死ぬ意味、戦う意味を考えぬくことに身も心も砕いたんです。」（注4）

厳《きび》しい戦争の時代ではあっても、学問をするのが役割であったはずの人たちが、急に戦場で戦い、死と直面する日々を送らなければならなかった。その苦しみを、早坂氏は「死ぬ意味、戦う意味を考えぬくことに身も心も砕いた」のだと言っておられます。

この「考えぬくことに身も心も砕いた」ということがわかりにくいと感じたら、ぜひ「わだつみのこえ記念館」へ行って下さい。館の開設にも大変な苦労があったとお聞きしていますが、また一方で、戦没学徒《せんぼつがくと》の遺族《いぞく》の方々が大事に、必死に守って来られた遺稿《いこう》が展示されています。それは、戦没学徒《せんぼつがくと》の方たちが肉筆《にくひつ》（手書きの文字）で、愛する家族への思いをつづった手紙や原稿なのです（詩や短歌などもあります）。読みやすいように活字で印刷されたパネルも添えられていますが、一字一字に思いを込めて、命を託して書かれた肉筆が伝えるものの切実さを、ぜひみなさんにも受けとめてほしいと思います。

『きけわだつみのこえ』の遺稿《いこう》の冒頭には、陸軍の特別攻撃隊員として沖縄海域の米機動部隊に突入して戦死された上原良司大尉《うえはらりょうじたいい》（二階級特進（注5）によるもの。出撃、戦死された時点では「少尉」ですから、このあとは少尉と記します）の「所感」という文章がおさめられています。二段落めの最初の一文を引用させていただきましょう。

「思えば長き学生時代を通じて得た、信念とも申すべき理論万能の道理から考えた場合、これはあるいは、自由主義者といわれるかも知れませんが、自由の勝利は明白な事だと思います。」

「自由主義」とは、今のわたしたちにとっては大きな疑問のない言葉ですが、当時の日本では口にすることもはばかられる言葉でした。『きけわだつみのこえ』の上原少尉の項の注にはこう書かれています。

「（前略）自由主義思想の存在も許されなくなり、自由主義を表明することは、「国賊《こくぞく》」「非国民」を宣言するに等しい時代状況であった。」

上原少尉の遺稿《いこう》は、先の引用部分につづけて、最終的な自由の勝利、権力主義や全体主義の国家が敗れるであろうことを述べています。そして、「自由の偉大さを証明して行くと思われます」という「自己の信念」が正しかったことが、当時の日本にとってはおそるべきことであるかも知れないが、吾人《ごじん》（自分）にとっては嬉しい限りだ、とつづいています。

この「所感」は、翌日特攻《とっこう》隊として出撃する前夜に、書かれたそうです。原稿用紙を渡した陸軍報道班員に、「何を書いてもいいですか」と問い、しばらく黙って書き上げられた「所感」は、二〇〇字詰め原稿用紙七枚にわたっています（注6）。

死、それもみずから選ぶ死でなく国から強制された死にのぞむ人が、その直前に思うところをすべて書きつづった「所感」。そのようなおごそかで貴重なものが、直筆《じきひつ》の現物で保存されているのが、「わだつみのこえ記念館」であり、みなさんにもぜひたずねて欲しいとお話ししているゆえんです。そして上原少尉の「所感」は、まさに死を前にして、その時代に青春を生きた一人の人が、何としても語り残しておきたかったのであろう重大な告白へと至ります。

「愛する恋人に死なれた時、自分も一緒に精神的には死んでおりました。天国に待ちある人、天国において彼女と会えると思うと、死は天国に行く途中でしかありませんから何でもありません。」

これからの時代を生きる人たちのために、さらに説明することをおゆるしいただくと、この「愛する恋人」とは、幼い頃からの知り合いで、上原少尉は深く彼女を愛していたのに、「自分は戦争で死ななければならない身だから、彼女を幸せにすることなどできない」との考えから、思いを打ち明けなかったとのことです。そのため彼女は他の人と結婚し、そればかりか、ほどなく結核にかかって亡くなってしまったのだと言います（注6）。

まずみなさんに覚えていてほしいのは、戦争で自由が奪われている時代、いつ死ぬかわからない時代には、上原少尉のように、愛する人の幸せを思うあまりに自分の気持ちを押し殺すような人が多数いたのだということです。たとえば詩人茨木のり子さんの「わたしが一番きれいだったとき」という詩に、

男たちは挙手《きょしゅ》の礼しか知らなくて
きれいな眼差《まなざ》しだけを残し
皆《みな》発《た》っていった

と書かれているのは、一面こうした事情をあらわしているのではないでしょうか。

そして上原少尉は、相手の生前に思いを打ち明けることができず、一度はほかの人の妻となって、さらに死別を余儀《よぎ》なくされた女性を「恋人」と呼び、自分が特攻《とっこう》隊員として戦死することは、天国で愛《いと》しいその人に再会できることであり、それならば死は通過点にすぎないから何でもないと、書かれているのです。その思いが、この「所感」の事実上の末尾《まつび》を次のように書かせたのではないでしょうか。

「明日は自由主義者が一人この世から去って行きます。彼の後姿は淋しいですが、心中満足で一杯です。」

この文章の中ほどで、早坂暁《あきら》氏の「（かれらは）死ぬ意味、戦う意味を考えぬくことに身も心も砕いたんです。」という言葉をご紹介しました。おそらく上原少尉も考えに考えぬき、最後は愛する人への思いを柱として、「心中満足です」と思い至られたのではないでしょうか。

「わだつみのこえ記念館」には先述した戦没学徒《せんぼつがくと》の手書きの遺稿《いこう》のほか、ご遺族《いぞく》から寄託《きたく》された遺影《いえい》などが展示されており、音声・映像資料の視聴コーナーもあるようです。そして現在も発行されている岩波文庫版『きけわだつみのこえ』全二巻には、日記なども含む戦没者の遺稿《いこう》が、文庫本約九百ページにわたっておさめられています。すべての人が上原少尉のように「心中満足」して最後の日を迎えられたわけではありません。だからこそ、不条理《ふじょうり》な死《し》を強いられた方たちの「わだつみのこえ」に、耳を澄ませる時を持ってほしいのです。本を読むのはまだ難しい年代の人も多いでしょうから、まずは文京区本郷五丁目にある「わだつみのこえ記念館」をたずねて下さい。きっとみなさんにも、心の奥深くにまで届くものがあるでしょう。それはこんな意味のことだと思います。

自由のない世の中が、
そして戦争が、あってはいけない。
それを守れるのは、
一人一人が過去を知ることであり、
守ろうと考え、
行動しつづけることでしかない。

この文章を書き終えたのは五月。まもなく六月、七月、八月と、あの戦争のことをふりかえり考える季節がやってきます。きっかけはどこからでもかまいません。あなたも日本の国がかつて行った戦争でどんなことがあったのか、ひとつずつ知ることからはじめて下さい。そして自分なりの考えを持ち、いろいろな人と語り合って、「歴史に学ぶ」ことができる人になって下さい。そのことを、あの戦争で若くして命を落とさなければならなかった方たちも、望んでいることと思います。

（注1　戦闘中の戦死ばかりでなく、乗っていた輸送船が沈められたり、戦場で餓《う》えや病気のため死亡したりした将兵も多くおられます。また、書名のもととなったのは、「なげけるか　いかれるか／

はた　もだせるか／きけ　はてしなきわだつみのこえ」（藤谷多喜雄）という短歌です。大意は、「（彼らの声は）嘆いているだろうか、怒っているだろうか。いや、それとも沈黙しているのだろうか。聞け、遠く果てしない海底から聞こえて来る彼らの声を」といったところでしょうか。

（注2　戦時中の日本では「大東亜戦争」と言っていました。

（注3　わたしの叔父《おじ》の一人も、千葉県に住んでいて、モーターボートのような舟艇《しゅうてい》に爆弾を積んで体当たりする特攻《とっこう》隊員になっていたと聞きました。叔父は実際に出撃する前に終戦となったため、生き延びることができました。上原少尉も鹿児島県の知覧《ちらん》の基地から出撃されています。

（注4　わだつみのこえ記念館展示より

（注5　旧日本陸軍、日本海軍において、功績が顕著《けんちょ》であった戦死者を、戦死直前の階級から特別に二階級進級させた制度（上原少尉の場合、二階級特進で大尉に）。現在でも警察等、主として階級のある公務員で同様の場合に行われるようです。

（注6　安島太佳由『上原良司と特攻隊　改訂版』安島写真事務所　二〇二二年五月一日発行　参照

読解シート　わだつみのこえ記念館をたずねて

①「きけわだつみのこえ」という本を知っていましたか。あるいは太平洋戦争で亡くなった若い人のことを知っていましたか。

〈　　　　　　　　　　　　　　　　　　　　　　〉

②あなたは「日本がかつて行った戦争」を、知っていましたか。

ア　知っていた　イ　あまり知らない　ウ　全然知らない

から一つ選び、何かひとこと書いて下さい。

〈　　　　　　　　　　　　　　　　　　　　　　〉

③「戦没学徒」が「死ぬ意味、戦う意味を考えぬくことに身も心も砕いた」ということを、どう思いましたか。

〈　　　　　　　　　　　　　　　　　　　　　　〉

④上原良司大尉（少尉）の「所感」を読み、「愛する恋人」「天国に待ちある人」への思いについて、どう思いますか。

〈　　　　　　　　　　　　　　　　　　　　　　〉

⑤茨木のり子さんの詩「わたしが一番きれいだったとき」から引用した三行（男たちは〜）について、どう思いましたか。

〈　　〉

⑥３１ページ１行目から３１ページ６行目までに書いてある内容について、どう思いますか。

〈　　〉

⑦「歴史に学ぶことができる人」とは、どのような人のことだと思いますか。また自分自身はどうだと思いますか。

〈　　〉

★シート記入と「シート解答例」とのチェックがすんだら、
原稿用紙に感想文を書いてみましょう！

藤袴胸に刻むの記

遠いむかしのお話です。

真福田丸《まふくたまろ》は、大和《やまと》の国、そう今の奈良県にある、大きな長者《ちょうじゃ》のお屋敷《やしき》で、お母さんと二人でくらしていました。お父さんは早くになくなってしまい、母の手一つで育てられたのです。

お母さんの仕事は、お屋敷《やしき》の門番です。ふつうの家の四、五軒ぶんもありそうな、大きな門のそばにある粗末《そまつ》な小屋が、住まいをかねた仕事場でした。そこで真福田丸《まふくたまろ》を育てながら、朝から晩まで、屋敷《やしき》に近づく人を見はります。不審《ふしん》な者が近づくと詰所《つめしょ》の兵に鳴子《なるこ》で知らせ、ご主人へのお客の時は、母屋の女房~この物語では、お女中と呼びましょう~に取り次ぎました。

そのお屋敷《やしき》は、真福田丸《まふくたまろ》のいる門から、長者《ちょうじゃ》の住む母屋《おもや》まで、まっすぐには見通すことのできないような、大きな大きなお屋敷《やしき》でした。

そして広い庭の中には、花いっぱいの築山《つきやま》に囲まれたうつくしい池があり、季節ごとに、とりどりのみごとな眺《なが》めが、人々の心を楽しませていたのです。真福田丸《まふくたまろ》のお母さんや、お屋敷《やしき》の人たちは、春になると池のほとりで芹《せり》を摘《つ》むのが、何よりの楽しみでした。

真福田丸《まふくたまろ》は、去年お母さんに連れて出てもらい、芹摘《せりつ》みを覚えたので、今年は冬の間から、ひとりで芹《せり》を摘《つ》みに行くのを、今か今かと、心待ちにしていました。そしてお母さんや仲間の女房たちの会話から、そろそろ芹《せり》を摘《つ》むことができそうだということを聞き知ると、居ても立ってもいられなくなってしまったのです。

お母さんは、真福田丸《まふくたまろ》が一人で芹摘《せりつ》みに出ることを、ゆるしてはくれません。池のそばだからあぶないし、まだ幼い真福田丸《まふくたまろ》には、入っていい場所とそうでない場所との違いも、よくわからないからです。

けれど、だめだと言われると、なおさらやってみたくなるのが、人の心というもの。まして幼い真福田丸《まふくたまろ》には、見たいもの、やってみたいことへのはやる気持ちを抑えることなど、できるはずもありません。

ある日、お母さんが母屋《おもや》に呼ばれ、おおぜいでとりかかるぼた餅《もち》づくりに出かけた時、とうとう真福田丸《まふくたまろ》は、去年使ったかごをさがし出し、背中にかつぐと、門の前に立っている兵たちに見つからぬように気をつけながら、お庭の中ほどにある池をめざしました。

はじめて一人で来てみると、そこはもう、今まで知らなかった別の世界のようでした。お庭の築山《つきやま》に咲く花も、その一つ一つが、見たこともない色にかがやき、「よく来たね」とささやきかけてくるみたいです。幼い真福田丸《まふくたまろ》の足では無理もないのですが、ずいぶん遠くまで、旅に出てきたような気分です。そのくせちっとも、つかれません。

いつしか真福田丸《まふくたまろ》は、築山《つきやま》のひとつを回ってしまい、母屋の奥座敷に近い、池のいちばん奥のまりに、近づいてしまいました。

子ども心にも、そこが何か自分たちとは違う世界のように感じられて、思わず引き返そうとした時です。

真福田丸《まふくたまろ》の胸のおくが、はげしく鳴り出しました。どくん、どくん、という心臓の鼓動《こどう》の音が、まわりに響くほどにも感じられます。

その音に気づいたはずもないのですが、池のほとりに立っていた赤い着物の美しいむすめが、真福田丸《まふくたまろ》に気づいた様子で、こちらを見ています。お屋敷《やしき》の姫様でした。

真福田丸《まふくたまろ》の頭の中に、お母さんの顔が浮かびました。ぼくがこんなところへ来てしまったせいで、お母さんが叱《しか》られる。どんな罰《ばつ》を受けるかわからない。

すぐにあやまって、帰らなければ、と思うのですが、どうしたことか、真福田丸《まふくたまろ》は、その場から動くことができません。これまで感じたこともない、まぶしい光のようなものが、真福田丸《まふくたまろ》の全身をつらぬいています。そして真福田丸《まふくたまろ》は、まるで夢の中にいるような、ぼおっとした気分になってしまったのです。

花柄をあしらった真っ赤な着物に、肩よりもながく、流れるような美しい黒髪と、気品《きひん》のある、ととのった目鼻立《めはなだ》ち。ひとみは吸いこまれるように澄《す》み切って、この世のきれいなものだけを、見分けるようです。そのひとみを見ているだけで、真福田丸《まふくたまろ》は雲の上にのぼるような気持ちになりました。

母と二人のまずしいくらしで、今までとんと知らずにいた、夢のようなひととき・・・。

やがて母屋の中から声がして、姫様はすぐ、そちらへ行ってしまいました。真福田丸《まふくたまろ》は、しばらくの間、帰ることも忘れ、だまってそこに立っていました。

次の日から、真福田丸《まふくたまろ》は何も手につかず、食欲さえなくなって、病人のようになってしまいました。

「丸《まろ》、どうしたのじゃ。」

お母さんが心配してたずねても、何も答えません。答えられるはずもないのです。お屋敷《やしき》のお姫様にあこがれるなど、そんな気持ちを持つことだけでも、おそれ多い時代です。身分違《ちが》いの恋、それを口に出すことすら、真福田丸《まふくたまろ》には考えられないことでした。ましてお母さんがそうと知ったら、どんなに困るか。それがわかっている真福田丸《まふくたまろ》は、口が裂《さ》けても言えないと、かたく心に誓《ちか》っていたのです。

ご飯ものどを通らないため、真福田丸《まふくたまろ》は床《とこ》についたきりになってしまいました。ここへ来てお母さんは、わが子の命を助けたい一心で、真福田丸《まふくたまろ》に何が何でも本当のことを答えるよう、命令しました。

「うん、じつはね・・・。」

真福田丸《まふくたまろ》は目に涙を浮かべながら、あの日こっそり芹摘《せりつ》みに出かけたこと、奥の池でうつくしいお姫様に出会ったこと、それから片時も忘れられないことなどを、打ち明けました。一度話しはじめると、せきを切ったように、姫様へのせつない思いがあふれ出します。

「あれ、この子は、何とまあおそろしい・・・。」

そう言ったきり、お母さんも二の句がつげなくなってしまいました。幼い真福田丸《まふくたまろ》でさえ、お屋敷《やしき》のお姫様を心に思うことのおそれ多さを知っているのです。ましてやお母さんにとって、身分の違《ちが》うご主人さまのお嬢様に息子が懸想《けそう》するなど、断じてあってはならないことでした。

わが子はかわいい。けれどもこの身分違《ちが》いの恋だけは、どんなに息子が望んでも、どうしてやることもできない。思いつめる真福田丸《まふくたまろ》の様子を見ていると、お嬢《じょう》様をあきらめろと言うことは、わが子に死ねというのと同じでした。それにこの様子では、真福田丸《まふくたまろ》は本当にやせおとろえて、ほどなく死んでしまいそうです。

真福田丸《まふくたまろ》を案ずるあまり、お母さんも具合が悪くなり、親子はとうとう二人して、床《とこ》に寝たきりになってしまいました。粗末な門番の小屋に、世をはかなんだ親子が二人、明日の命も知れぬ様子で、伏せるありさまとなったのです。

ところが、悪いことばかりがつづくわけではありません。お母さんが寝ついて二日目の午後、様子を案じたお屋敷《やしき》のお女中たちが、親子の住む小屋へやって来ました。仲の良い一人は、親子が伏せっているのを見て、たいそう驚き、お母さんの枕元へかけよりました。

「一体、どうなさったというのです。何か悪い病にでも・・・。」

お母さんは、重い口を開き、息も絶え絶《だ》《た》えに答えます。

「いえ、そんなに大した病などではないのです。ただ、うちの丸《まろ》が、こともあろうにお屋敷《やしき》の姫様に一目ぼれなどしてしまって、あまりのおそろしさに、こうして親子二人、死ぬしかないと思い悩んでいるのです・・・。」

お女中たちは、吹き出しました。真福田丸《まふくたまろ》親子にとってこそ、生き死ににかかわる重大事《じゅうだいじ》だったのですが、傍《はた》から見れば、年端《としは》もゆかぬ真福田丸《まふくたまろ》が姫様に恋したばかりか、親子で生きていけないとまで、思いわずらっているさまは、むしろこっけいなものでした。

心得のあるお女中頭《がしら》は、すぐお屋敷《やしき》へたち戻《もど》って、姫様にだけ、そっとこのことを告げました。

姫様は、器量《きりょう》が良いだけでなく、とても慈悲深《じひぶか》い方でした。

「まあ、かわいそうに。何も思い悩《なや》むことなどありません。早く病《やまい》と縁《えん》を切って下さいな。」

その言葉を伝えられると、親子は大喜びで、食事もとれるようになり、もとの通り元気になりました。

ほどなく、真福田丸《まふくたまろ》にとって、天にものぼるほどの日々がはじまります。

真福田丸《まふくたまろ》を元気づけるためでしょうか、姫様が、そっと真福田丸《まふくたまろ》を呼びよせ、こんなことをおっしゃったのです。

「人に知られないように手紙のやり取りなどするのに、そなたが字が書けなくてはどうにもなりません。字をお習いなさいな。」

真福田丸《まふくたまろ》は喜んで字を勉強し、一日二日で身につけました。すると今度は、

「そなたが私の家の婿になって、いろいろとお屋敷《やしき》のことを切り回す時に、学問がなくては困ります。学問をなさい。」

という姫様のお言葉です。真福田丸《まふくたまろ》は猛然と勉強し、学問によってものごとの真理を見きわめるほどになりました。

「目立たないようにわたくしのところへ来る時に、子どもの姿のままではよろしくありません。お坊さんにおなりなさい。」

言われる通り、真福田丸《まふくたまろ》は僧《そう》になりました。

「特に用もないお坊さんがそばへ来るのは、変です。般若心経《はんにゃしんぎょう》や大般若経《だいはんにゃきょう》をお誦《よ》みなさい。祈禱《きとう》をお願いしたお坊さんとしてあつかいましょう。」

と言われれば、むずかしいお経を一心に覚えとり、姫様の求めのままに誦《よ》みました。さらに姫様は、このように言いました。

「まだもう少し、修行《しゅぎょう》してお出でなさい。そして護身《ごしん》の修法《しゅほう》を行なうようにして、私のところへ来るのです。」

真福田丸《まふくたまろ》は、姫様の命ずる通りに精進《しょうじん》し、自分を高めて行くことに、この上ない喜びを感じていました。そこでこの時も、姫様のそばをはなれることに一抹《いちまつ》の不安をおぼえたものの、姫様のお心にかなう人になることこそ、自分の生きる道なのだと思い定めて、修行《しゅぎょう》の旅に出かけたのです。

姫様も長い修行《しゅぎょう》の旅に出る真福田丸《まふくたまろ》をいとおしんで、真新しい藤袴《ふじばかま》をととのえて、真福田丸《まふくたまろ》に下さいました。しかもその袴《はかま》の片方は、姫様が自分で縫《ぬ》って下さったのです。

真福田丸《まふくたまろ》の修行《しゅぎょう》の旅が始まりました。長く苦しい旅でした。目もくらむような断崖《だんがい》をつたい歩き、肝《きも》を冷《ひ》やしたこともあります。山の上のお堂に、七日七晩籠《こも》ったこともありました。

またある時は、おそろしい山賊《さんぞく》に取り囲まれて、ただただお経《きょう》をとなえるばかりでした。幸いにもこの時は、突然の落雷がすぐそばの杉の大木を真っ二つに断《た》ち割って、おそれをなした山賊《さんぞく》どもが、蜘蛛《くも》の子を散らすように逃げて行ったのです。

真福田丸《まふくたまろ》には、思い当たるところがありました。

姫様が手《て》ずから縫《ぬ》って下さった、あの藤袴《ふじばかま》です。どんなにつらく苦しくとも、片時も離《はな》さず身に着けている藤袴《ふじばかま》が、力を与えてくれるのです。とりわけ姫様手縫《ぬ》いの片袴《かたばかま》を通している右の足には、自分自身の持っている以上の力が、みなぎるようでした。山賊《さんぞく》どもに囲まれた時も、とにかく生きて姫様の身を護《まも》る、その一念で一心にささげた祈りが天に通じて、あの雷を落としてくれたのにちがいありません。

こうして雨の日も、雪の日も、また耐《た》え難《がた》い炎暑《えんしょ》の日も、真福田丸《まふくたまろ》は修行《しゅぎょう》にはげみました。姫様の面影《おもかげ》だけを胸にあたため、りっぱな僧《そう》になった姿を見せて喜んでもらうその日のことを、夢見るようにして。いくたびか年がめぐって、幼かった真福田丸《まふくたまろ》も、たくましい若者に成長しておりました。

やがて姫様との約束の年限《ねんげん》が近づき、真福田丸《まふくたまろ》はなつかしい、大和《やまと》の国への帰途《きと》につきました。このとき真福田丸《まふくたまろ》は、ただいっときもはやく姫様にお会いしたい、その一心でした。何年も会わないままでしたが、真福田丸《まふくたまろ》の心の中には、自分を待っていてくれる、うつくしい今の姫様の微笑《ほほえ》みが、いつも浮かんでいたのです。

「ああ、やっとお目にかかれる。姫様はりっぱになった今のわたしを、喜んで迎えて下さるだろうか。」

生まれ故郷《こきょう》でもある大和《やまと》の国に近づきながら、ひとつの尾根《おね》を越《こ》え、ひとつの谷をわたるたびに、真福田丸《まふくたまろ》のまなうらには、姫様の笑顔が大きくふくらんでゆくのでした。

ところが、ああ、何としたことでしょう。

なつかしいお屋敷《やしき》にやっと帰った真福田丸《まふくたまろ》を迎えたのは、姫様のやさしい微笑《ほほえ》みではなく、お母さんとお女中頭が涙ながらに彼に伝える、悲しいてんまつでした。

真福田丸《まふくたまろ》がお屋敷《やしき》に戻《もど》る、そのほんの半月ほど前に、姫様はふとしたことから熱が出て、そのまま重い流行《はや》り病《やまい》にかかって、はかなく死んでしまっていたのです。

姫様の願いで、お屋敷《やしき》のはずれにお堂が建てられ、姫様はそこにまつられていました。お堂の前からは、幼い日に真福田丸《まふくたまろ》が姫様と出会った池のあたりが、はるかに見わたせます。

真福田丸《まふくたまろ》は長者《ちょうじゃ》様のゆるしを得て、三日三晩お堂にこもり、姫様の菩提《ぼだい》をとむらいました。りっぱな青年僧《そう》となった真福田丸《まふくたまろ》のとむらいを、長者《ちょうじゃ》様と奥方《おくがた》様、つまり姫様のお父様お母様も、たいそう喜んで下さいました。

けれども、それがいったい何になりましょう。真福田丸《まふくたまろ》の心は、はりさけそうでした。自分が仏法《ぶっぽう》を修行《しゅぎょう》したのは、姫様をとむらうためではない。姫様をお護《まも》りするためだ。お経《きょう》をあげながらも、真福田丸《まふくたまろ》の胸の奥にはそんな思いが渦巻《うずま》いていました。姫様がいないのなら、これまでの修行《しゅぎょう》も役に立たない、いっそわが身もお供《とも》をして・・・と、わるい考えも浮かびます。でも無理もありません。真福田丸《まふくたまろ》には、ただ姫様に尽《つ》くすことだけが生きがいだったのですから。

ところが、三日目の朝が明けかかり、とむらいが終わりに近づいたころです。真福田丸《まふくたまろ》のまなうらから消えることのなかった姫様の面影《おもかげ》が、ありがたい仏様のお姿に変わってゆくのを、真福田丸《まふくたまろ》は感じました。そしてお経《きょう》を誦《よ》み終えると、真福田丸《まふくたまろ》の心は、すっかり切りかわっていたのです。

「今までのわたしは、ただ姫様のためだけに仏法《ぶっぽう》を修行《しゅぎょう》し、姫様のことだけを考えて生きてきた。でも、それは間違いだった。これからはまこと仏の道のみに精進《しょうじん》し、苦しむ衆生《しゅじょう》を救うために生きよう。それならば、姫様もきっと、喜んで下さるにちがいない。」

そして姫様の形見の藤袴《ふじばかま》を護摩《ごま》の火で焚《た》きあげて、長者様《ちょうじゃ》や自分の母にも暇乞《いとまご》いをし、さらなる修行《しゅぎょう》の道をめざすために、大和《やまと》の国をはなれました。

こうして真福田丸《まふくたまろ》は、それからの一生を仏の道に精進《しょうじん》し、国中を修行《しゅぎょう》して歩いて、尊《とうと》いお上人《しょうにん》と呼ばれるほどのお坊さんになりました。その名を智光上人《ちこうしょうにん》と言います。むずかしいお経《きょう》を解き明かした書物などもたくさん書き、とうとう極楽往生《ごくらくおうじょう》をとげました。

智光上人《ちこうしょうにん》が亡くなった後、お弟子《でし》たちは、ご供養《くよう》のために行基菩薩《ぎょうきぼさつ》をお招《まね》きしました。行基《ぎょうき》様は、礼盤《らいばん》にお上がりになると、こうおっしゃって、ほかにはひと言も発することなく、下りておしまいになりました。

「真福田丸《まふくたまろ》が藤袴《ふじばかま》。われぞ縫《ぬ》いし片袴《かたばかま》。(あの真福田丸《まふくたまろ》の藤袴《ふじばかま》よ。まぎれもなく私が縫《ぬ》った、あの片袴《かたばかま》。それをはいて、そなたは修行《しゅぎょう》にお出かけになりましたね。)」

お弟子たちは不思議に思い、行基《ぎょうき》様にたずねました。すると行基《ぎょうき》様は、こうお答えになったのです。

「亡くなった智光《ちこう》どのは、必ず極楽往生《ごくらくおうじょう》するはずの人物だった。ところがふとしたことから道に迷《まよ》っておられたので、私が仏道《ぶつどう》への方便《ほうべん》として、このようにお導《みちび》きしたのです。」

お弟子《でし》の一人は、もともと温和な智光上人《ちこうしょうにん》のお顔が、この上なくやさしいお顔になっていることを感じました。別の一人は、幼い真福田丸《まふくたまろ》が夢見心地《ゆめみごこち》で天にのぼってゆく、その姿をたしかに見たのだと言います。そのとき真福田丸《まふくたまろ》が、あの藤袴《ふじばかま》をしっかり身に着けていたことは、言うまでもないことですね。

智光上人《ちこうしょうにん》も行基菩薩《ぎょうきぼさつ》も、実在の人物です。古くから伝わるこのお話では、次のように説明しています。

「行基菩薩《ぎょうきぼさつ》は文殊菩薩《もんじゅぼさつ》(仏の智慧《ちえ》を象徴《しょうちょう》する菩薩《ぼさつ》で、普賢菩薩《ふげんぼさつ》と共にお釈迦《しゃか》様の脇侍《わきじ》をつとめる)の化身《けしん》であり、真福田丸《まふくたまろ》は智光上人《ちこうしょうにん》の幼いころの名前である。行基《ぎょうき》は智光《ちこう》を導《みちび》くために、かりに長者《ちょうじゃ》の娘としてお生まれになった。そしてこのように、智光《ちこう》の魂《たましい》を本来あるべき道へと誘《いざな》ったのである。仏様、菩薩《ぼさつ》様も、こうして現世《げんせ》の男女の情愛《じょうあい》を助けとして、魂《たましい》を導《みちび》くことがあるということだ。」

原典『古本説話集　下　真福田丸事』

参照した版　講談社学術文庫『古本説話集』全訳註　高橋貢

岩波書店　新日本文学大系『宇治拾遺物語／古本説話集』

読解シート　藤袴胸に刻むの記

①真福田丸は、なぜ一人で芹摘みに行きたかったのだと思いますか。

〈　　〉

②芹摘みの時、どうして真福田丸は疲れもせず、奥の池まで行くことができたのだと思いますか。

〈　　〉

③姫様にはじめて会った時の真福田丸の気持ちはどんな気持ちか、あなたの考えを説明して下さい。

〈　　〉

④姫様はどういうつもりで、真福田丸にいろいろなことをさせたのだと思いますか（字、学問、お経・・・などなど）。

〈　　〉

⑤修行からお屋敷へもどって、姫様の死を知った時の真福田丸の気持ちはどんなふうだったと思われるか、あなたの考えを書いて下さい。

〈　　　　　　　　　　〉

⑥最後の「智光上人」のおとむらいの時、「幼い真福田丸が夢見心地で天にのぼって行く姿が見えた」ことを、どう思いますか。

〈　　　　　　　　　　〉

⑦姫様の死のショックから、仏の道を信じることで立ち直り、一生を仏の道にささげて尊い「お上人」にまでなった真福田丸を、どう思いますか。

〈　　　　　　　　　　〉

★シート記入と「シート解答例」とのチェックがすんだら、
原稿用紙に感想文を書いてみましょう！

忘れまい、八月六日の広島の朝を

広島のまちを東西に走っている大通り、まん中を市電が通るその相生通《あいおいどおり》を歩いてみると、両側に大きなビルが建ち並び、市電のほか通りすぎる車の量もたいへん多く、それはまさに現代の平和な大都会のすがたです。

しかし、通りの左側にある「広島おりづるタワー」というビルを過ぎると、視界がひらけ、公園の入り口から、三階建ての壊れかけたビルの上に半球状のドーム（ただしそれは骨組みだけです）をのせた、古い建物が目に入ります。そう、世界遺産としてみなさんもその名を聞いたことがあるはずの、「原爆ドーム」です。

一九四五（昭和二〇）年八月六日、アメリカ軍のB２９爆撃機によって、原子爆弾（原爆）が世界ではじめて、戦争の兵器として使用されました。その年の間に十四万人以上、二〇二二年八月六日までに三十三万三千九百七人もの人々が、その原爆のために命を落としました（注１）。

原爆ドームの前には川があります。先ほどからの大通りがその川をわたる相生橋《あいおいばし》に歩《ほ》をすすめると、橋はT字型をしていて、中ほどから左に曲がることができ、広いきれいな公園の中に入っていきます。ここが広島市の平和記念公園です。ひろびろとしており、きれいに整備された公園ですから、はじめて訪れた人は誰しもが、そこが古くからの園地だったと思うことでしょう。

しかし、この一帯は原爆が落とされるまでは、広島でも有数の繁華街《はんかがい》だったということです。たくさんのお店や民家が立ち並び、活気のある街だったのであろうということが、今の中学一・二年生にあたる中学校、女学校、国民学校高等科の生徒たちが九千人以上、「建物疎開《そかい》」のために動員されていたことからもうかがえます（もちろん大人の地域国民義勇隊《ぎゆうたい》の人たちも三万人以上動員されていたとのことです）（注2。

建物疎開《そかい》とは、日本本土、特に都市部への空襲《くうしゅう》がはげしくなってから、住宅密集地での火災の延焼《えんしょう》を防ぐため盛んに各都市で行われるようになった、都市部の防火帯づくりを目的とした都市ぐるみの作業です。「この区域の家は立ち退《の》き、取り壊《こわ》し」と決められたら、逃れる術《すべ》はありません。ある程度の補償金《ほしょうきん》は払われたようですが、そこで家族が暮らしていたかけがえのないわが家が取り上げられ、強制的に壊《こわ》されてしまうのです。一般住宅でなくお店だったとしたら、働く術《すべ》、生活の術《すべ》のすべてが失われてしまいます。

さらに、一九四五年八月六日の広島の建物疎開《そかい》に際しては、言葉で言い表すことのできない惨劇《さんげき》が、みなさんとほとんど年齢の変わらない、当時の中学校一・二年生、女学校一・二年生、国民学校高等科（中学校、女学校の一・二年生と同年齢）の少年少女たちにふりかかりました。

「碑《いしぶみ》」というテレビ番組が二〇一五（平成二七）年に放送されたことを知っている人はいますか。その時のものはリメイク版で、最初のものは同じ広島テレビ放送が一九六九（昭和四四）年に制作し、放送しました。広島に原爆が落とされた朝、「建物疎開《そかい》」のために本川土手に集まっていた当時の広島県立第二中学校の一年生三百二十二人と四人の先生の全員が死亡した（全滅した）ことを、当時はご存命だった、死亡した中学生たちのお父さん、お母さんたちに取材して聞き取り、克明《こくめい》に伝えた番組です。

その内容は本にもなっていて、また東京書籍版『新しい国語』中学一年生用の教科書にも掲載されています。言問学舎の創業当時、文京区立中学校の国語の採択《さいたく》がこの教科書だったことから、わたしも初年度から中学一年生にその文章にもとづく授業を実施しました。文京区の採択《さいたく》は次の教科書改訂《かいてい》の際に他の教科書に変わりましたが、その後もずっと、毎年の中学一年生の夏期講習でこの文章を教えており、今年で二十一年目になります。

その授業では、あれこれと知識を教えることはしていません。ただ私が文章を音読し、人数によって生徒たちにも全部または一部を音読してもらった上で、お父さんやお母さんが最後の様子を語っている十人の生徒の中で、どの人の言葉や態度が心に残ったか、それだけを書き出してもらうスタイルです。

最愛のわが子の無事を祈りながら被爆直後の広島市内へさがしに行き、最期《さいご》をみとったお父さん、お母さんの言葉、そして亡くなった、実名で伝えられている広島二中の一年生の言動に、こちらが手を加えることなく、そのまま同じ年齢の現在の子どもたちの前にさし出して、率直に感じたことを書いてもらおうという考えからです。

現代の、いや「戦後」の考え方から見て批判しようという意図はまったくありませんが、『碑《いしぶみ》』の中で伝えられている、原爆で亡くなった広島二中の生徒のある人は、死を目前にした苦しいうわごとの中で、「倒せ」とか「引っ張れ」など、建物疎開《そかい》の作業にたずさわっている錯覚の中にいるような声をあげたそうです（注3）。

苦しみの中で、その人が思っていたのであろうところは、他の人のこんな言葉からも推《お》し量《はか》ることができます。「勝て勝て日本」、「僕は兵隊と変わりないんだね」（注3）。今のわたしたちには想像することしかできませんが、おそらくその人たちは、自分がまだ軍隊に入って兵隊になれる年齢でないため、せめても建物疎開《そかい》の仕事に自分の力をふりしぼり、「お国のため」になりたい（注4）という気持ちだったのではないでしょうか。

その思いは、一途《いちず》な純真なものだったのでしょう。離れて住んでいるおじいさんへの最後の言葉を聞かれ、「立派に・・」と言い残して亡くなった人もいました。（注3

みなさんに考えをまとめてもらうために、あえてここまでお話しした内容を整理します。戦争中は「建物疎開《そかい》」が行われ、現に住んでいる家や店などを取り上げられて、生活の場所と手段を奪われた人たちがいた。いっぽう八月六日の広島では、九千人以上もの、今の中学一・二年生と同じ年齢の生徒たちがその建物疎開《そかい》の目的で動員されていて、朝八時十五分、Ｂ２９が落とした一発の原爆のために多くの人が亡くなった。しかし原爆の熱線や放射線を受けて死を待つばかりの少年たちが、高い熱に浮かされたうわごとの中でも、自分は力いっぱいはたらいてお国の役に立つんだという思いを最期《さいご》まで抱いていた、ということになります。

一方が是《ぜ》で、一方が非《ひ》などと決めつけられない、どのようなことでもおこりうるのが戦争という状態で、純真な思いを持つ子どもたちほど犠牲になりやすい。ひとつはっきり言えることは、戦争は「絶対悪」で、絶対に起こしてはいけないし、加担もすべきでないということです。

このことを、われわれ日本人はずっと知りつづけ、訴えつづけなければならないと、わたしは考えています。

すこし違う角度からも、お話をつづけたいと思います。『はだしのゲン』という漫画を読んだ、またはアニメを見たことはありますか。今まで言問学舎に来てくれていた何百人かの生徒たちの中には、それまでに自分で読んだことがあるか、言問学舎で読んだ、つまり一度は『はだしのゲン』を読んだことのある人が、二割以上いるだろうと思われます。また、話に聞いたことがある、友だちが読んでいるのを見た、という「知っている」人を加えれば、おそらく半数以上の人が、何かしらの形で『はただしのゲン』を知っているであろうと考えられます。

この『はだしのゲン』は、言問学舎にも全１０巻がそろっています。わたしが二十代前半の頃に最初の４巻を買い、だんだんそろえていって、９巻と１０巻は三十歳の時に広島平和記念資料館で購入して、すべてがそろったように記憶しています。言問学舎で生徒たちに読んでもらっているうちに、第５巻が見当たらなくなったのですが(もうだいぶ前のことです)、昨年この本をつくるために広島平和記念資料館へ行った際、買って来ました。

作者の中沢啓治さんは、単行本のカバーの袖の部分で、こう述べられています。

「原爆を主題にした漫画を描くのはしんどいが、子どもたちは、率直に何が真実かを見きわめてくれます。」

中沢さんが「少年ジャンプ」でこの「はだしのゲン」を描いていらした頃、わたしはまさにその

「子ども」でした。半世紀ほどの年月が過ぎていますが、縁あって自分が子どもたちを塾であずかっている今、中沢さんの言葉と同じく、子どもたちに「真実をくみとってほしい」と願うことしきりです。あくまでくみとって欲しいのですから、『はだしのゲン』を読みなさい、とすすめたことは、一度もありません。だれでも手に取ることのできる塾の本棚の、小学生でも手に取りやすい高さのところに、並べてあるだけです。

しかしこの二十年間、毎年必ず誰かしらが『はだしのゲン』を読む姿を、私は見て来ています。中沢さんのおっしゃった通り、子どもたちの真実を率直に見きわめる力、そして何よりも作品の持っている真実の衝迫力《しょうはくりょく》が、子どもたちを『はだしのゲン』にひきつけるのでしょう。

佐々木禎子《さだこ》さんのことについても、お話しさせていただきたいと思います。知っている人もいるでしょう。『つるにのって』という本を、言問学舎でも夏休みの読書感想文の課題図書にしています（「アニメ版」のため、小学三・四年生対象）。

禎子《さだこ》さんは、あの八月六日、二歳の時に、被爆したそうです。家の中で爆風に飛ばされたもののけがもなく、その後は元気に成長して、スポーツが大好きな少女になったのだと伝えられています。

ところが小学六年生、十二歳の時に、体に異常が出て、白血病と診断されました。元気いっぱいだった禎子《さだこ》さんを、十年たって突然、原爆症の魔《ま》の手が襲《おそ》ったのです。

写真で見てわかる通り、平和公園の中にある「原爆の子の像」のうしろにはたくさん千羽鶴がかかげられています（ガラスのケースの中にあるものです。以前は像の下に、像を取り囲むようにささげられていましたが、心ない人がその千羽鶴に火をつけるという事件があったため、その後ケースの中におさめられるようになりました）。

この千羽鶴には、悲しいいわれがあります。小学六年生で入院し、退院できないまま中学生となって、中学一年生の十月に原爆症のために亡くなった禎子《さだこ》さんが、「鶴を千羽折れば願いがかなう」と聞いて、「病気を治して退院したい」という願いをこめながら、病院のベッドの上で、薬の包み紙で鶴を折ったのだということで、その禎子《さだこ》さんの思いを忘れず、平和への願いを受け継ぐために、ずっとささげられているのです（禎子《さだこ》さんの願いはかなわず、入院したまま亡くなりました）、

また「原爆の子の像」は、禎子《さだこ》さんが入院したまま入学した広島市立幟町《のぼりちょう》中学校の級友たちの呼びかけが広がって、広島市内の小・中・高校の生徒たちが像を建てることを決議、募金をはじめたことから実現し、一九五八（昭和三三）年五月五日に除幕されたということです。（注5

この禎子《さだこ》さんのように、被爆してからしばらくの間は何の影響もなかったような状態で元気に暮らしていた人が、突然病に襲《おそ》われ、命を落とすということが、たくさんありました。ゲンのお母さ

んも、ゲンの初恋の相手の光子さんも、そのような死を強制されています。現在でも毎年、八月六日の平和記念式典（広島市原爆死没者慰霊式並びに平和祈念式）で、それまでの一年間に原爆のために亡くなった方たちの名簿がおさめられるのは、このような原爆の残虐《ざんぎゃく》さ、執拗《しつよう》さゆえのことなのです。

「語り部《べ》」と言われる方たちが相次いで世を去られ、直接の経験がある世代より若い年代の人で「語り部《べ》」の役割を継承《けいしょう》していこうとする動きがあると、時々報じられます。わたしは塾（言問学舎）を経営し、また国語や文学の本を出版する立場にあって、自分のできるかたちで、これまでに知り、学んだことを、少しずつでもみなさんに伝えていきたいと思います。半世紀前に大変な困難の中で『はだしのゲン』を描いていらした中沢啓治さんが「何が真実か見きわめる」とその思いを託して下さった当時の「子ども」の一人として、それは当然のことだと思われます。

この本を読んで、何かを受けとめて下さったみなさんは、どうかまず広島のことを、また次の章でお話しする長崎のことを、知って下さい。少しずつでかまいません。そしていつか機会があったら、現地を訪れ、そこに残されているものを見て下さい。そこに伝わる声を聞いて下さい。過去の歴史に学ぶことのできる人たちならば、きっと自分たちの未来を守ることができるでしょう。そのことを、わたしはみなさんに託したいと思います。

（注1　あとで紹介している通り、原子爆弾、すなわち核兵器は、被爆してからずっと後になっても放射線症を発症させ、多くの命を奪った上、被爆した人の子どもや孫にも、深刻な影響を及ぼしました。本文に記した死者の数は、原爆死没者慰霊碑の名簿におさめられている人の数です。

（注2　Ｐｅａｃｅ　Ｒｅｐｏｒｔ～建物疎開《そかい》～／平和核ユースボランティア　はる／日本ＹＷＣＡ
動員されていたのは数十校に上り、広島二中の慰霊碑《いれいひ》の近くに広島市立商の碑、本安川の近くには広島市立高女の碑があります。

（注3　東京書籍『新しい国語』中学一年　二〇〇三年三月十日発行　参照

（注4　「お国のため」とは、当時の国民の多くが「戦争に勝つため、国のために協力し、我慢をするべきだ」と思って（思わされて）いたことを象徴する言葉です。さらに言えば、「お国のために死ぬ」ことが美徳とされていた面もあったのです。

（注5　『ヒロシマの声を聞こう／「原爆碑・遺跡案内」刊行委員会／二〇〇二年七月一日第四版第二刷

読解シート　忘れまい、八月六日の広島の朝を

①広島に落とされた原爆のこと、または『はだしのゲン』のことを知っていますか。知っていたら内容を書いて下さい。

〈　　　　　　　　　　〉

②中学一・二年（男女とも）が建物疎開に動員されていたこと、その結果、多くの人が被爆して亡くなったことを、今の自分たちの学校生活とくらべて、どう思いますか。

〈　　　　　　　　　　〉

③「倒せ」、「引っ張れ」、「勝て勝て日本」、「僕は兵隊と変わりないんだね」という言葉が、それぞれの方たちが迫り来る死とたたかう中でもらした言葉です。どう感じましたか。

〈　　　　　　　　　　〉

④『はだしのゲン』のゲンは、被爆した時家が倒壊して父、姉、弟を失い、その後生まれた妹は栄養失調で、最愛の母は原爆症で亡くなり、初恋の相手の光子さんも、ずっと恐れていた原爆症に命を奪われます。それでも立ち直り、強く前に向かって進んで行くゲンの生き方を、どう思いますか。

〈　　〉

⑤佐々木禎子さんのように、被爆してから長い間元気でいながら（禎子さんは二歳で被爆し、十二歳で発症、翌年亡くなりました）突然原爆症に襲われて亡くなった人のこと、そしてそのように残虐な原爆＝核兵器について、どう思いますか。

〈　　〉

⑥この文章を読んで、「広島」、「原爆」について感じたこと、思ったことを書いて下さい。

〈　　〉

★シート記入と「シート解答例」とのチェックがすんだら、原稿用紙に感想文を書いてみましょう！

相生通側からはじめて目にうつる原爆ドーム(2022.3.11)

原爆の子の像(2022.3.12)

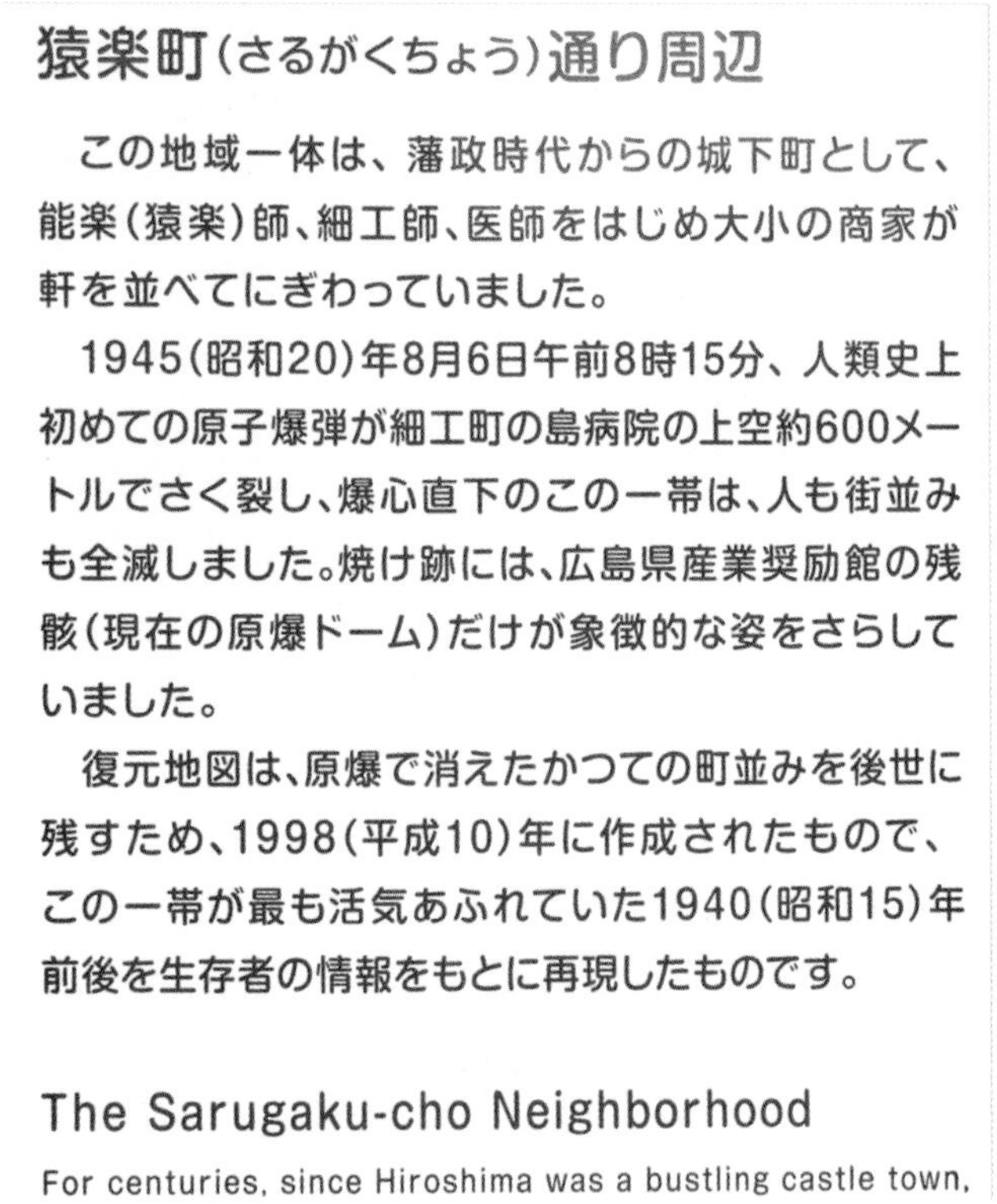
猿楽町(さるがくちょう)通り周辺
この地域一体は、藩政時代からの城下町として、能楽(猿楽)師、細工師、医師をはじめ大小の商家が軒を並べてにぎわっていました。
1945(昭和20)年8月6日午前8時15分、人類史上初めての原子爆弾が細工町の島病院の上空約600メートルでさく裂し、爆心直下のこの一帯は、人も街並みも全滅しました。焼け跡には、広島県産業奨励館の残骸(現在の原爆ドーム)だけが象徴的な姿をさらしていました。
復元地図は、原爆で消えたかつての町並みを後世に残すため、1998(平成10)年に作成されたもので、この一帯が最も活気あふれていた1940(昭和15)年前後を生存者の情報をもとに再現したものです。
The Sarugaku-cho Neighborhood
For centuries, since Hiroshima was a bustling castle town,

平和記念公園内にある猿楽町通りの解説

(2022.3.12)

禎子さんの死
43
Sadako's death

広島平和記念資料館展示

＜禎子さんの死＞

(2022.3.12)

慰霊碑

『碑《いしぶみ》』が伝える広島二中の慰霊碑(2022.3.12)

永井 隆博士が二人のお子さんと暮らされた如己堂(2022.3.11)

平和公園・平和祈念像
(2022.3.11)

城山小学校平和祈念館（被爆校舎）
(2022.3.11)

平和公園・長崎の鐘
（2022.3.11）

被爆後の浦上天主堂
（長崎原爆資料館所蔵／天主堂再建のため勤労奉仕する信徒たち）

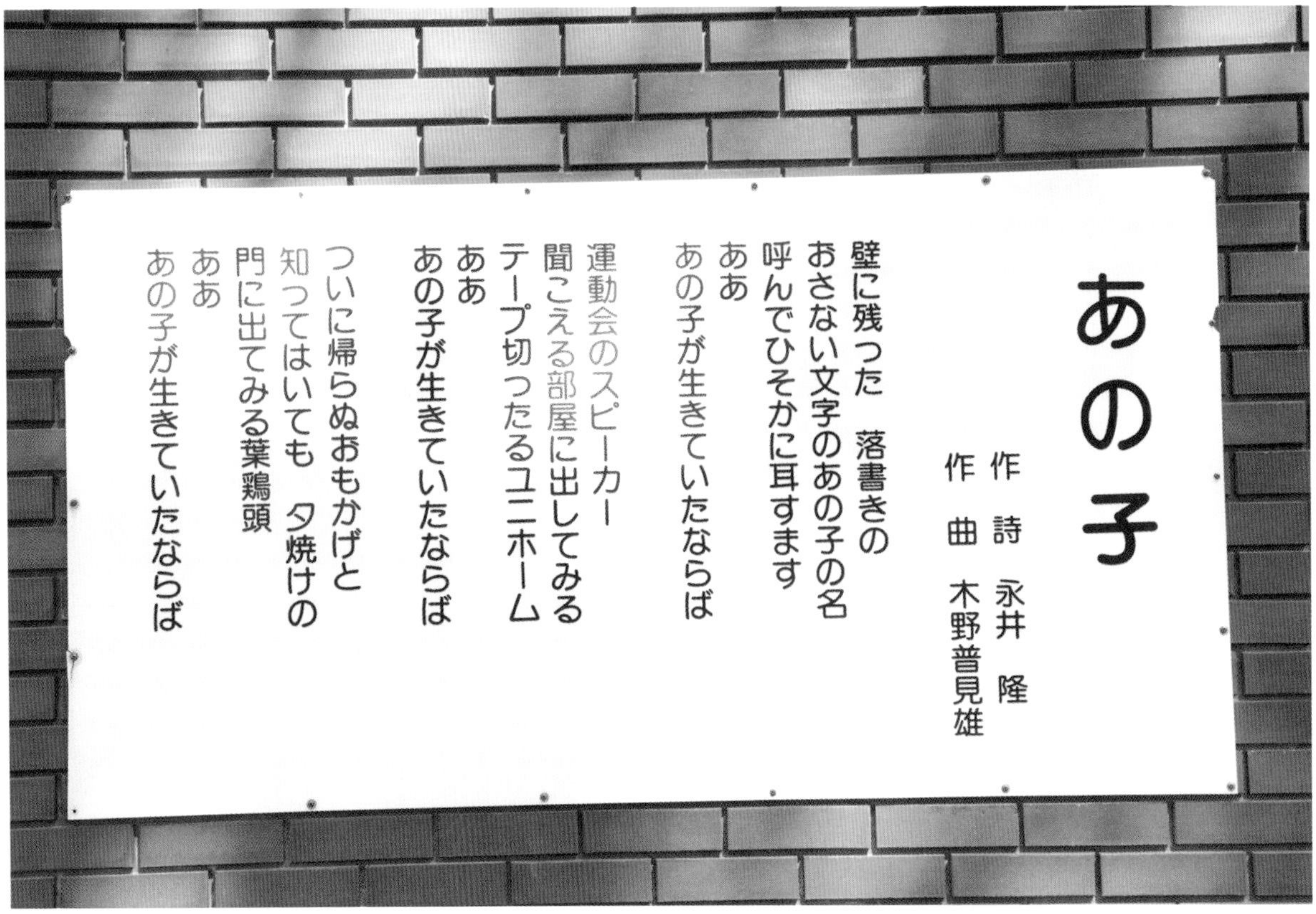

山里小学校内・「あの子」の歌詞銘板〈2022.3.11〉

「長崎を最後の被爆地に」

令和四年、二〇二二年の九月二三日に、西九州新幹線が開業しました。行き先は、沖縄県をのぞいてもっとも西にある長崎県の県庁所在地、長崎市です。みなさんはこの長崎市に、どんなイメージを持っていますか。

小学校六年生で勉強する歴史では、江戸時代の初期の方で、島原・天草一揆が出てきますね。その現場は長崎市ではありませんが、そのあと今の長崎市内に位置する「出島」がオランダとの貿易の場とされたことなどが、最初でしょうか。そのことと無関係ではないのですが、長崎名物の「カステラ」の印象が強い人も、いるかも知れませんね。

また長崎は、江戸時代の二百年以上日本がいわゆる「鎖国」をしていた間、唯一外国との交渉の窓口だったと言われることも多いですから（注1）、海外へ通じる「異人さんの町」のイメージもあるでしょうか。

地理的には、もちろん港のある町で、また坂が多いことから「みなと長崎」や「坂の長崎」などと歌われることも多いです。

しかし長崎には、それ以外にもたいへん厳しく、つらく、悲しい歴史があることを、知っていますか。そう、第二次世界大戦（そのうち、日本がアメリカやイギリスと戦ったのは太平洋戦争）の末期、一九四五（昭和二〇）年八月九日に、アメリカ軍のＢ２９爆撃機によって、原子爆弾（原爆）が投下され、その年の間に七万人以上、二〇二二年八月九日までに十九万二千三百十人もの人々が、原爆のために命を落としたのです（注２）。

この章から読みはじめて、ふしぎに思う人もいるでしょう。長崎に原爆が落とされたのは一九四五年のことで、そのあとすぐに戦争も終わったのに、どうして死者の数が増えているのかと。それこそが原爆の恐ろしさであり、長崎の人々が「長崎を最後の被爆地に」と訴えつづけておられるゆえんです。

長崎の原爆の被害について語る上で、この人の遺《のこ》して下さったものから知ってもらうのが良いと思われます。長崎医科大学の助教授（のち教授）で放射線科の治療に従事しておられ、そのため重度の白血病でありながら、原爆投下後はご自身も被爆して重傷を負った身で被爆者の治療に当たられた、永井隆博士です。

永井博士がお書きになり、またまとめられた原爆について伝える本は、たくさんあります。博士の妻である緑夫人は、白血病で体力の衰《おとろ》えている博士をたすけ、二人のお子さんたちを元気に育てておられました。けれども原爆の業火《ごうか》に焼かれ、あとで博士が自宅へ探しに戻った時には骨さえも見つからず、夫人が身につけていらしたロザリオだけが、焼け跡から見つかったのだそうです。

そして博士は、前からわずらっていた白血病に加えて被爆の際のやけど、さらに原爆症の症状が重くなり、「如己堂《にょこどう》」と呼ばれるようになった小さな住まいに仰臥《ぎょうが》しながら、長崎の被爆の実相を書き残すために、渾身《こんしん》の力をふりしぼって原稿を書きつづけられました。

それはまたご自分の二人のお子さんの生活を守るためでもあったでしょうし、さらには長崎の、被爆してあるいは家族を失い、あるいは家族と離れて生きていく多くの子どもたちを守るためのことでもありました。

当時は「孤児狩《こじが》り」というものがあり、親がいなくて住む場所のない子どもたちは、孤児《こじ》＝みなしごとしてつかまえられていたのです。永井博士の『この子を残して』という本を読むと、自分が死んだあと、自分の子どもが孤児狩《こじが》りで追いまわされることを恐れる記述が、目にとまります。そして博士は一九五一（昭和二六）年、被爆から六年後、原爆症の悪化のため、あの日に亡くなられた奥様のもとへ旅立たれました。

広島の章では、二歳で被爆して一二歳で発症し、亡くなられた佐々木禎子《さだこ》さんのこともご紹介しました。一九四五年の八月六日に広島で、八月九日に長崎で、それぞれ被爆された方々は、「いつ自分にも原爆症の症状が出るかわからない」という恐怖を負わされたのです。そればかりでなく実際に、何年も経ってから発病し、命を奪われた人の死が重なると、被爆した経験のある人は「自分の子どもにまで悪い影響が出るのではないか」という恐怖にとらわれたのだといいます。

ですから、毎年広島と長崎の平和祈念式典で新しくおさめられる名簿に名前が載っている方たちは、「この一年間、かつて被爆した経験があり、あるいは原爆症によって命を落とした方」たちであり、その人数と、それまでの総数が発表されているのです。原子爆弾＝核兵器が大量虐殺《ぎゃくさつ》をするだけでなく、その後何年、何十年にもわたって原因不明の放射線症で人々を苦しめる非人道的《ひじんどうてき》な兵器であること、それゆえ地球上からなくしてしまおう（廃絶《はいぜつ》しよう）という運動が続けられている理由の一端《いったん》が、おわかりいただけたでしょうか。

もう一つ、みなさんに知っていただきたいことがあります。毎年八月九日に平和祈念式典が行なわれる平和公園の近くに長崎市立山里《やまざと》小学校、距離はさほど変わりませんが浦上《うらかみ》川をこえた丘の上に、長崎市立城山《しろやま》小学校があります。この二つの小学校は爆心地から近く、当時小学生だった子どもたちや先生方が、おおぜい被爆して亡くなられました。八月九日の平和祈念式典を見ればわかりますが、永井隆博士が作詞された「あの子」という歌（注3）を、この山里《やまざと》小学校生徒たちが、二年に一度、式のときに歌っているのです。

みなさんとほとんど変わらない年齢の両小学校の生徒たちが、自分の土地で近い過去に起こった惨事、近しい人々の身の上に降り注いだ不幸な歴史を忘れまい、風化させまいと、真剣に歌う姿を、ぜひ一度は見ていただきたいと思います。

わたしはこの本をつくるために、昨年（二〇二二年）三月に、長崎を訪れました。案内して下さった方が、山里《やまざと》小学校と城山《しろやま》小学校に連れて行って下さいました。城山《しろやま》小学校は、広島の章と長崎の章の間に設けた写真のページにかかげた写真の通り、被爆当時の校舎の一部が保存されており、「城山《しろやま》小学校平和祈念館」となっています。館内にはさまざまな資料が展示されているのですが、その中に、わたしの目を強くひきつけた一枚の絵がありました。

その絵には、きれいな着物を着た二人の少女の姿が描かれています。二人とも寝かされていて、手を胸のところで合わせているようでした。二人とも、被爆して亡くなった人たちです。わたしが自分の文章でお伝えするよりも、長崎市のホームページから、その絵について説明してある文章を引用させていただきましょう。

〈けが人や死体には驚かないようになっていた私が、忘れ得ない情景を見たのは８月１９日のことでした。爆心地より約４キロメートル、滑石《なめし》の打坂《うちざか》というところの畑の中で、２人の少女が積み上げられた木材の上に寝かせてありました。１０歳前後で、私は姉妹であろうと思っておりました。あの頃見たこともない立派な着物を２人とも着ており、先ずその着物のあまりの美しさに私は我を忘れて見とれていました。顔を見るとどこにも傷の跡は見られず、薄化粧がしてあり、その顔の美しさにも息をのんで見ました。死んではじめて着せられた晴着、死んではじめてされた化粧、周囲の心遣いが逆に何とも哀れでなりませんでした。何と悲しいことであろうかと思いました。私にとっては強烈に印象に残った情景であり、その悲しい物語を残そうと、あの時とても美しい着物は表現できませんでしたが、２９年後１枚の絵に描きました。〉（長崎市ホームページ「未来を生きる子ら／悲しき別れ－茶毘」松添　博〉

十歳くらいと言えば、小学四年生か五年生です。いつもそのような美しい着物を着ていたはずもなく、「死んではじめて着せられた晴着、死んではじめてされた化粧」であったということを、どう思いますか。

はじめにあげた、亡くなられた人の数や原爆症のおそろしさばかりではありません。一九四五年八月九日、長崎に落とされた一発の原爆が、このように悲しい別れ、悲しい運命を、数えきれないほど多くの人々に強《し》いたのです。

想像するということが、年齢を重ねるにしたがってできにくくなる人もあるようです。けれども今のみなさんには、このように短い一生を終えなければならなかった人たちの身の上や気持ちを想像することが、できるのではないでしょうか。

そして、長崎の人たちが、「長崎を最後の被爆地に」と訴えておられることについても、その思いを想像して下さい。その声をあげはじめたのは、わたしのようにあとから知識として学んだ立場の人間でなく、直接被爆して苦しみを味わった当事者であり、あるいは肉親を失い、肉親の苦しみを目の当たりにして来た人たちなのです。「地獄の苦しみ」という表現が嘘でも誇張《こちょう》でもない原爆の惨《さん》禍《か》をくぐりぬけた人たちが、「自分たちよりあとに同じ苦しみを味わわせまい」、「人類の歴史上、長崎よりあとに核兵器を使用させることがあってはならない」という決意から、「長崎を最後の被爆地に」との訴えをかかげている、その思いを、まずは知り、どうすればそれだけの強い覚悟が持てるのか、そして声にあげられるのか、そのことを考えてみて下さい。

世界のどこかで核兵器が使われるかも知れないのを、止めることなんかできない。そう思った人は、もう一歩、その先を考えてくれませんか。長崎の人たちも、そう考える人がたくさんいるのは

（日本人でさえ）、百も承知のはずです。しかしそれでも、いやだからこそ、より強い覚悟をもって、「長崎を最後の被爆地に」の訴えは、続けられているのです。「絶対にできるはずがない」と思うことを、それでもやりとげる、挑み続ける、その強さを思って下さい、ということなら、すこしわかりやすいでしょうか。

わたしも長い間、広島と長崎の原爆のことは、きわめて大きな問題だけれど、軽々しく立ち入ることのできない問題だと思っていました。つまり局外者《きょくがいしゃ》（部外者）だと決めつけていたわけです。

しかし昨年までの十数年、毎年八月九日の平和祈念式典では、当時の長崎市長が、「一人一人が当事者の意識を持ってほしい」という呼びかけを、いく度かくり返されました。自分にとって遠い世界、ふれてはいけない世界のこととしてはならない。すくなくとも先に生まれ、長崎のことを一部分でも知る機会のあった立場の人間として、過去のできごとを受けとめ、想像できる柔軟さを持っているみなさんに、伝えることをしなければならない。そしてまた、知りえたことを後の時代に残すべく力を尽くすことは、きわめて大切なことでありましょう。それが私なりの「当事者」としてなすべきことだと考えて、この文章をお届けする次第です。

注1　ほかに対馬藩《つしまはん》の宗《そう》氏による朝鮮との貿易、薩摩藩《さつまはん》による琉球《りゅうきゅう》（現在の沖縄）との交流（薩摩藩

による支配）、現北海道の松前氏によるアイヌなどとの交易もありました。

注2　51ページからの広島の章でも紹介した通り、原子爆弾、すなわち核兵器は、被爆してからずっと後になっても放射線症を発症させ、多くの命を奪った上、被爆した人の子どもや孫にも、深刻な影響を及ぼしました。本文に記した死者の数は、原爆殉難者名奉安所に奉安されている原爆死没者名簿の人の数です。城山小学校の生徒は「子らのみ魂よ」（島内八郎作詞・木野普見雄作曲）という歌を歌っているようです。

注3　永井隆作詞、木野普見雄作曲、一九四九（昭和二四年）。

読解シート　「長崎を最後の被爆地に」

①「長崎」についてあなたが持っていたイメージはどのようなものですか。「原爆」にふれなくていいので率直に書いて下さい。

〈　　〉

②永井隆博士は、ご自分が重い白血病（放射線科医の仕事のため）だった上に被爆の際の火傷と原爆症の身をおして、患者や、長崎の子どもたちを救おうとなさいました。そのお住まいを「如己堂（にょこどう）」と呼んだのは「己（おのれ）の如く隣人を愛せよ」の意味だそうです。どう思いますか。

〈　　〉

③被爆した経験のある人が、いつ自分にも原爆症があらわれるか、子や孫にまで影響が出るのではないか、というおそれにさらされたことを、どう思いますか。

〈　　〉

④長崎市立山里小学校、城山小学校の生徒たちが、毎年平和祈念式典で「あの子」を歌っていることを、どう思いますか。

〈　　〉

⑤「悲しい別れ」の二人の少女の死、「死んではじめて着せられた晴着」、「死んではじめてされた化粧」のところを読んで、どのように感じましたか。

〈　　〉

⑥「長崎を最後の被爆地に」という訴えについて、どう思うか、73ページ6行目～74ページ13行目（最終行）までをよく読んだ上で自分の考えを書いて下さい。

〈　　〉

★シート記入と「シート解答例」とのチェックがすんだら、
原稿用紙に感想文を書いてみましょう！

長崎の鐘

サトウハチロー作詞
古関裕而作曲
藤山一郎　唄
一九四九（昭和二四）年

こよなく晴れた青空を
悲しと思う切なさよ
うねりの波の　人の世に
はかなく生きる野の花よ
なぐさめ　はげまし
長崎の
ああ長崎の　鐘が鳴る

召されて妻は天国へ
別れて一人旅立ちぬ
形見にのこる　ロザリオの
鎖に白きわが涙
なぐさめ　はげまし
長崎の
ああ長崎の　鐘が鳴る

こころの罪を　打ち明けて
ふけゆく夜の月澄みぬ
貧しき家の　柱にも
気高く白きマリア様
なぐさめ　はげまし
長崎の
ああ長崎の　鐘が鳴る

「新しき」

永井　隆作詞
藤山一郎作曲・唄

新しき朝の光のさしそむる
荒れ野に響《ひび》け
長崎の鐘

※「新しき朝の光のさしそむる荒れ野に響け長崎の鐘」は、作曲者古関裕而、作詞者サトウハチロー、歌手藤山一郎のお三方が永井隆博士をたずねた際、永井博士が自ら書かれた短歌です。この短歌には古関裕而作曲のものもありますが、ＤＶＤでは藤山一郎先生が作曲なさったメロディーで歌わせていただきました。歌詞は四番がありますが、ＤＶＤでは三番のあとに「新しき」を歌っていますので、混乱しないよう割愛致しました。

また、ＤＶＤでわたくしが歌っている「長崎の鐘」「新しき」のピアノ伴奏は、わたくしの甥である小田原和希がつとめてくれました。

あとに

巻頭に記した通り、本書は『国語のアクティブラーニング　音読で育てる読解力』の高学年用最終巻であり、学習者の学習順から考えれば、中・低学年用最終巻の刊行を残しているものの、この「音読で育てる読解力」の完結編の位置づけともなるものです。

音読を通して文章を正しく、深いところまで読みとった上で、読解シートの問いかけ＝手がかりをもとに考えを組み立て、自分の言葉で表現することが「真の国語」であることは、これまで申し上げて来た通りですが、本書においてはいま一つ、志したことがあります。

二〇一九年から本シリーズの刊行を開始し、ほどなくコロナ禍の荒波に巻きこまれはしましたが、何とかここまでこぎつけて、この春、私も満六〇歳になっていました。還暦の年に「完結編」を出すにあたって、必然的に求められたのは、真の国語を教えることはもちろんですが、現在の子どもたちより半世紀ほど長く生きている先時代人として、伝えるべき大切なものをしっかり伝えることでした。その要請から、わだつみのこえ記念館（戦没学徒のこと）、広島および長崎の原爆について、随筆の形で語らせていただいた次第です。

日本の国の、つらく重い歴史にふれるわけですが、それぞれの章に、書き手の任として必要なことは書いたつもりです。そしてもとより、歴史にはさまざまな見方、考え方があるのが自明のことです。本書の内容にもさまざまなご意見があろうと思いますが、昭和四十年代から本書に書いた題材のことを学び、重ねて新しい材料や研究についても吸収しつづけ、考えつづけて来た、親族に戦死者を持つ年代の人間の、二〇二三年において整理した考えであり、見解です。少なくともこれからの時代を生きる子どもたちのためになる内容であろうということには、明確な自負を持っております。取材の段階から執筆・造本時点における各方面への問い合わせ、また各種申請等に当たってお手を煩わせたみなさまに、厚くお礼を申し上げます。

言問学舎舎主　小田原漂情

二〇二三（令和五）年六月一五日

参考文献・資料等

きけわだつみのこえ　財団法人東京大学出版会　一九八一年一一月三〇日　第三〇刷
新版　きけわだつみのこえ　岩波文庫　二〇二一年七月二六日　第三四刷発行
新版　第二集　きけわだつみのこえ　岩波文庫　二〇二〇年一一月五日　第一四刷発行
上原良治と特攻隊　改訂版　安島太佳由企画作品　安島写真事務所　二〇二二年五月一日発行
わだつみのこえ記念館　資料および展示
ああ人間魚雷回天　武田五郎　画文堂　平成八年十二月二十五日　初版発行
新日本文学全集　宇治拾遺物語／古本説話集　一九九〇年一一月二〇日第一刷発行
新しい国語1（中学一年生用教科書）　東京書籍　平成十五年二月十日発行
はだしのゲン　全10巻　汐文社　初版一九七五年五月一二日～一九八七年三月一日
『ヒロシマの声を聞こう／『原爆碑・遺跡案内』刊行委員会／二〇〇二年七月一日第四版第二刷
アニメ版つるにのって　原案ミホ・シボ　金の星社　二〇〇四年四月　第二十七刷
さだ子と千羽づる　絵本を通じて平和を考える会　ＳＨＡＮＴＩ　遠藤京子／オーロラ自由アトリエ　二〇〇二年八月六日第七刷発行
写真物語　あの日、広島と長崎で　株式会社平和のアトリエ　二〇〇四年八月一〇日第一〇刷発行
長崎の鐘　永井　隆　中央出版社　一九九四年八月二五日　三版五刷
この子を残して　永井　隆　中央出版社　一九九四年二月二五日　二版四刷
原子雲の下に生きて　永井　隆編　サンパウロ　二〇一六年四月二五日　初版八刷
Ｐｅａｃｅ Ｒｅｐｏｒｔ～建物疎開～／平和核ユースボランティア　はる／日本ＹＷＣＡ
長崎市ホームページ　未来を生きる子ら
二〇〇七年～二〇二二年の長崎平和祈念式典（ＮＨＫによる中継）
広島平和記念資料館　展示・ホームページ
長崎原爆資料館　展示・ホームページ
ほか、戦没学徒（きけわだつみのこえ）、広島、長崎の原爆および建物疎開等太平洋戦争中の題材を扱っている各種サイト

言問学舎の刊行物および小田原漂情著作一覧

◇言問学舎の刊行物

『国語のアクティブラーニング　音読で育てる読解力小学５年～中学２年対応１』
２０１９（平成３１）年３月
『国語のアクティブラーニング　音読で育てる読解力小学 2 年～4 年対応１』
２０１９（令和元）年６月
『文語文法の総仕上げ』小田原漂情編著
２０１９（令和元）年１０月
『国語のアクティブラーニング　音読で育てる読解力小学 2 年～4 年対応 2』
２０２０（令和２）年８月
『たまきはる海のいのちを - 三陸の鉄路よ永遠に』小田原漂情著
２０２１（令和３）年３月
歌集『猛禽譚』石井綾乃著
２０２２（令和４）年４月
『国語のアクティブラーニング　音読で育てる読解力　小学５年生以上対象 2』
２０２２（令和４）年７月
スーパー読解『舞姫』小田原漂情編著
２０２３（令和５）年５月

◇小田原漂情著作

歌集『たえぬおもひに』１９８８（昭和６３）年５月（画文堂版）※絶版
歌集『予後』１９９１（平成３）年６月（画文堂版）
エッセイ集『遠い道、竝に灰田先生』１９９２（平成４）年１０月（画文堂版）
歌集『Ａ・Ｂ・Ｃ・Ｄ』１９９３（平成５）年６月（画文堂版）
歌文集『わが夢わが歌』１９９７（平成９）年６月（私家版。小田原明子と共著）
歌集 『奇魂・碧魂』１９９８（平成１０）年１１月（ながらみ書房版）
『小説　碓氷峠』２０００（平成１２）年３月（画文堂版）
『小説 呼子谷／花祭りと三河紀行』２０００（平成１２）年１２月（豊川堂版）
小説『遠つ世の声』２０１４（平成２６）年７月（電子書籍版）
『小説 碓氷峠』２０１４（平成２６）年１０月（電子書籍版）
『小説 鉄の軋み』２０１４（平成２６）年１０月（電子書籍版）
物語集『漂情むかしがたり』２０１５（平成２７）年１月（電子書籍版）
小説『海の滴』２０１５（平成２７）年９月（電子書籍版）
『たまきはる海のいのちを - 三陸の鉄路よ永遠に』
２０２１年（令和３）年３月（言問学舎版）

★「言問学舎版」の書籍はすべて一般書店ならびにネット書店からご注文いただけます。また小田原漂情著作(絶版、私家版を除く)を含めてすべて言問学舎への注文も可能です。

国語のアクティブラーニング
音読で育てる読解力
小学5年生以上対象　3
著者　小田原漂情
発行　有限会社言問学舎
東京都文京区西片二‐二一‐一二
電話　〇三（五八〇五）七八一七
印刷・製本　株式会社　嘉
二〇二三年八月一日初版発行
定価　二、四二〇円
（本体二、二〇〇円＋税一〇％）

JASRAC 出　2304692-301

ISBN978-4-9910776-8-5

国語のアクティブ・ラーニング

音読で育てる読解力

小学5年生以上対象　3

読解シート記述例・文例集

有限会社　言問学舎

音読で育てる読解力　小学5年生以上対象3　読解シート記述例・文例集　目次

◇読解シートと感想文を書くにあたって

読解シートの問いかけ、感想文とも、思ったこと、感じたことを素直に書いて下さい。「こんなことを書いていいのか」などと心配することはありません（ただしもちろん、おふざけはいけません）。「読解シート記述例」および「文例」を、ヒントとして参考にして下さいね。

◇原稿用紙の使い方

・書きはじめや、段落を変えた場合、一マス目には字を書かず、空白にすること。
・「、」や「。」、かっこ、かぎかっこは一マス使うこと。ただし行の一番上に「、」や「。」が来る場合は、前の行の一番下のマスの右すみに書くこと。
・数字は漢数字で書くこと。
・本のタイトル（書名）を書く場合と、かぎかっこの中でさらにかぎかっこを使う場合は、二重かぎかっこを使うこと。
※原稿用紙は、巻末にあります。一枚ずつ切り取りできます。足りない時は、市販の原稿用紙や、ワードからプリントアウトできる原稿用紙を使ってもかまいません。

本を読むということ　読解シート記述例

①本を読むのは好きですか、きらいですか。その理由もきちんと書いて下さい。

〈好きです。なぜなら、たくさんの本を読むことで、どんどん好きな本が増えていくからです。〉

②自分で読む本を選ぶとき、きっかけはどんなことが多いですか（親、先生にすすめられて。学校の紹介で。など・・・）。

〈本の大好きな友達の紹介で読む本を選んでいます。〉

③本を読んだら、「読後レポート」を書くのが良いと、本文では言われています。どんなレポートがいいと思いますか。

〈また読みなおしたいと思えるレポートがいいと思います。〉

④あなたが好きな本のジャンルを教えて下さい。または、今までに読んで楽しかった本のジャンルでもかまいません。

〈ダレン・シャンに近いジャンルや、サスペンス小説・おもしろい本〉

⑤あなたが今までに読んで一番いいと思った本の題名と、その本のどんなところが良かったのか、書いて下さい。

ア（本の名前）　ダレン・シャン
イ（よかったと思うところ）最初に、「これは本当のお話です。」みたいなことが書いてあり、どんどん読みつづけたくなるところや、主人公がどうなるのかワクワクさせる書き方で書いてあるところ。

⑥あなたがこれから読んでみたい本、あるいは本をよんでこんなことをしてみたいと思うことなどを、書いて下さい。

〈もっとむずかしくて、長いお話でも、書けるようにしたい。あと、有名なお話も読みたい。〉

★シート記入と「シート解答例」とのチェックがすんだら、
原稿用紙に感想文を書いてみましょう！

文例　本を読むということ①

　私は、この文を読んで、「読後レポート」というものを書くということを考えた著者がとてもすごいなと思いました。「読後レポート」を書いておけば、その本を読み終わって何年かたっていたとしても、その「読後レポート」を読み返せば、またその本が読みたくなって、その本を読めば、良いひまつぶしになるのではと、考えられます。だから、考えた著者はとてもすごいと思いました。

20 × 10

　私は、今とても大好きな本があります。その本の題名は、『ダレン・シャン』と言い、とても会話文の多い本です。会話文が少ない本よりも読みやすい本です。私はこの『ダレン・シャン』を、本を一日に何さつも読んでいる友達に紹介されました。その友達の『ダレン・シャン』の説明がとてもおもしろかったので、読んでみようと思い、読んでみたところ、友達が言っていたように、とてもおもしろく、ワクワクするようなお話でした。私

20 × 10

は、この本の内容を忘れないようにするために、筆者の考えた、「読後レポート」にこれから書いていこうと思います。

20 × 10

文例　本を読むということ②

　ぼくは本を読むということが好きです。本を選ぶときは、表紙を見て選んでいます。そのようにして選び、面白いと思った本があります。それは『D坂の殺人事件』という本です。

　ぼくがこの本に出会ったのは五年生の三学期くらいです。表紙を見て面白そうだと思ったのですが、やはり、読み始めると止まりませんでした。短編でとても読みやすく、三日

20 × 10

ほどで読み終えました。言葉や、いきなり場面が変わったりする点はむずかしかったけれど、殺人や強とうのトリックが理想的な、ふつうの考えや視点では分からないもので、読みながら頭をかかえて考えこむのが楽しかったです。

特に題名にもある『D坂の殺人事件』というお話は、有名な名探偵の最初に出てくる事件だったこともあり、考えもしなかった犯人の見つけ方にはおどろきました。ぼくはこの

20 × 10

本を読んで人を観察する観察眼を上げようという目標を立てて、実行できました。

ぼくは、これからはいつも読んでいるミステリーや謎解きなどの本を書いている作家さんについての本をたくさん読みたいと思えました。でもミステリーも、東野圭吾さんのガリレオシリーズやシャーロックホームズも読み続けたいと思います。

20 × 10

生きていてよかった　読解シート記述例

①アキラは救急車の「ピーポーピーポー」の音を聞いて、家族のことが心配になり走って帰宅しました。どう思いますか。
〈心配の度合いは人によって違うが、わりとよくあると思う。でもアキラはちょっと心配し過ぎかも。〉

②駅で待ち合わせをしている時、アキラは「ふしぎな興奮」をおぼえた、とあります。似たような経験があれば書いて下さい。
〈僕も転校した後、前の学校の仲良しの子たちと久しぶりに会うとき、そんな気がしました。〉

③山上の顔が「ふにゃふにゃ」になったのは、なぜだと思いますか。自分の考えを書いて下さい。
〈アキラの言葉で、山上も小学校時代に戻った気分になり、一気に気分がほどけたためだと思います。〉

④早苗よりもいい高校、大学へ行くことを目標にしようしと言い出したのは、二人のうちどちらだと思いますか（理由も）。
〈山上でしょう。最初から「早苗」と呼び捨てにしてるし、山上こそ、早苗に「気があった」からだと思います。〉

⑤早苗が「東大一本槍じゃあないだろうな」と山上が言うと、アキラも、「東大より上はないからな」といいました。そのことに、ア　賛成か反対か。イ　賛成ならその理由を、反対なら、そうでない具体的な例を書いて下さい。

ア　反対

イ　昔は何が何でも東大が一番！だったらしいけど、今は海外の大学を直接受験する人もいるし、受験、進学をする本人が行きたい大学が、その人にとっての一番の大学だと思います。

⑥「生きていて、よかった。」という山上の言葉と、その言葉に同感しているアキラについて、自分の考えを書きましょう。

〈そんなに重大な感じで思ったことはないけど、やっぱり生きていてこそいろいろなことを経験して、成長できるし、生まれて来た意味があるんだと思いました。〉

★シート記入と「シート解答例」とのチェックがすんだら、

原稿用紙に感想文を書いてみましょう！

文例　生きていてよかった①

　ぼくは、共感したことと疑問に思ったことが二つずつあります。

　共感したこと一つ目は、アキラが山上を待っているときの「ふしぎな興奮」です。なぜならぼくも前に同じような経験をしたことがあるからです。数ヶ月も前から待ち続けていた新作ゲームの発売日に、学校から家に帰ってポストを見るところまでの興奮はとても大きかったです。

20 × 10

　共感したこと二つ目は、四年ぶりに再会して山上の顔が「ふにゃふにゃ」になったことです。ぼくも四年ぶりに友人に会ったら何か安心して「ふにゃふにゃ」になってしまうかもしれないと思ったからです。

　疑問に思ったこと一つ目は、アキラが救急車のサイレンで心配になったことです。なぜなら町を走っている救急車も多いはずなのにそこまで心配することはないと思ったからです。よほど人のことを気にかけているのだと

20 × 10

考えました。

　疑問に思ったこと二つ目は、アキラが「東大より上はない」と言ったことです。なぜならぼくは、入試が一番むずかしいからというだけでは、自分の一番行きたい大学という意味ではかならずしも東大が一番上ではないと考えたからです。アキラたちも自分に合う学校に行ってくれたらうれしいです。

20 × 10

文例　生きていてよかった②

　ぼくは、まるでぼくと友達のY君ががモデルのような話『生きていてよかった』を読みました。

　この話で、ぼくがモデルみたいに思えるのは「アキラ」です。Y君をモデルにしているようなのが「山上」です。

　まずこの話の第一印象は、山上のキャラがY君と似ているな、というものでした。

　アキラは高校の最寄りの駅で友達の山上を

20 × 10

待っています。山上は、アキラの昔からの友達で、すばしっこくて小柄だったそうです。

　その山上は、ゴールデンウィークにアメリカのおばさんの家に遊びに行き、ハイウェーで車十二台がからむ大事故にまきこまれ、そのまま、アメリカのジュニアハイスクールに進学したのですが、高校一年の二学期から日本の高校に編入するため帰ってきました。

　その日、アキラと山上は再会します。山上は昔アキラと二人で、友達の早苗よりいい学

20 × 10

校に入ろうと約束していました。昔からずっと自分たちより点のいい早苗よりいい学校に入りたい、という志を持っていたのです。そして帰ってきた山上は、こう言いました。

　「生きていて、よかった」

　ぼくにも少しだけ、その気持ちがわかりました。いいお話なので心にしみ入ります。

20 × 10

「わだつみのこえ記念館」をたずねて　読解シート記述例

①「きけわだつみのこえ」という本を知っていましたか。あるいは太平洋戦争で亡くなった若い人のことを知っていましたか。

〈本については知りませんでしたが、戦争で亡くなった人のことは、授業で聞いて知っていました。〉

②あなたは「日本がかつて行った戦争」を、知っていましたか。

　ア　知っていた　イ　あまり知らない　ウ　全然知らない

から一つ選び、何かひとこと書いて下さい。

〈イ　くわしくは知りませんが、戦争中は食べるものが少なく、みんなおなかをすかせていたと聞きました。〉

③「戦没学徒」が「死ぬ意味、戦う意味を考えぬくことに身も心も砕いた」ということを、どう思いましたか。

〈むずかしくてよくわかりませんが、機会があったら「わだつみのこえ記念館に行ってみたいと思います。〉

④上原良司大尉（少尉）の「所感」を読み、「愛する恋人」「天国に待ちある人」への思いについて、どう思いますか。

〈こんな悲しいことがあったなんて、知りませんでした。戦争はぜったいに良くないと思いました。〉

⑤茨木のり子さんの詩「わたしが一番きれいだったとき」から引用した三行（男たちは〜）について、どう思いましたか。

〈その詩を授業で読んで、先生の説明を聞いてもよくわからなかったけれど、この文章を読んでわかりました。〉

⑥31ページ1行目から31ページ6行目までに書いてある内容について、どう思いますか。

〈その通りだと思います。私たちにできることは何なのか、考える機会がもっとあればいいと思いました。〉

⑦「歴史に学ぶことができる人」とは、どのような人のことだと思いますか。また自分自身はどうだと思いますか。

〈教えられたことをそのまま覚えるだけでなく、自分の考えとして組み立てられる人のことだと思います。ぼくもそのような考え方ができるように、勉強していきたいと思います。〉

★シート記入と「シート解答例」とのチェックがすんだら、
原稿用紙に感想文を書いてみましょう！

文例「わだつみのこえ記念館」をたずねて①
　わたしのひいおじいちゃんは、若い頃陸軍
にいて、中国大陸が戦場だったそうです。軍
隊ではえらい人の命令には絶対服従、逆らう
ことなど許されないばかりか、一人の失敗の
ために隊の兵士全員が鉄けんせいさいを受け
ることもあったと聞きました。
　教えてくれたのはおばあちゃんですが、そ
のおばあちゃんは、ひいおじいちゃんから、
自分だけがくわしい話を聞いたようだと言っ

20 × 10

ていました。ひいおじいちゃんは、ひいおばあちゃんには大陸であったことをくわしくは話さなかったそうです。

　家族にも話すことができない苦しい体験をしたひいおじいちゃんと、戦没学徒の人たちの苦しみが重なりました。戦争は、絶対にあってはいけないと思います。

文例「わだつみのこえ記念館」をたずねて②

学徒出陣という言葉を、歴史の授業で教わりました。その時は、ただ戦争が大変な状況になったから、軍隊に入ってはいないけれども十分に訓練を受けている（注・軍事教練）若者たちを戦力にしようとした、と説明されただけでした。

しかし「死ぬ意味、戦う意味を考えぬくことに身も心も砕いた」という言葉を読んで、一体何という時代だったのだろうと驚きまし

20 × 10

た。

　しかも上原良司少尉は、愛する人への思いが強いために告白することすらせず、さらに自分が特攻で死ぬことを、「天国で待ちある人」に会えることだから満足だ、と「所感」に書いています。

　上原少尉という人は、そうしなければならなかった時代に自分の考えをつらぬいた、すごい人だったのだと思います。でも、大学生と言ったら僕たちからみれば大人ですが、い

20 × 10

くら大人でも将来に大きな可能性のある人たちが、「お国のため」に死ななければならなかったというのは、ふつうの世の中だとは思えません。これからの僕らの時代がそのようにはなってほしくないですが、ただそうなるのは嫌だと思っているだけではだめなのだということも、教わりました。

自分が何をすればいいのか、「わだつみのこえ記念館」に行けばわかるかも知れませんね。こんど父に相談して、父と一緒に行って

20 × 10

みたいと思います。

20 × 10

藤袴胸に刻むの記　読解シート記述例

①真福田丸は、なぜ一人で芹摘みに行きたかったのだと思いますか。

〈一人でも芹を摘みに行けるくらいの年になったと証明したかった。〉

②芹摘みの時、どうして真福田丸は疲れもせず、奥の池まで行くことができたのだと思いますか。

〈芹を摘みたいという思いが強かった。〉

③姫様にはじめて会った時の真福田丸の気持ちはどんな気持ちか、あなたの考えを説明して下さい。

〈とても美しい姫様に惹かれる一方で、自分の身分では到底お近づきにはなれないだろうという葛藤。〉

④姫様はどういうつもりで、真福田丸にいろいろなことをさせたのだと思いますか（字、学問、お経・・・などなど）。

〈真福田丸に素晴らしい僧になってもらいたかった。〉

⑤修行からお屋敷へもどって、姫様の死を知った時の真福田丸の気持ちはどんなふうだったと思われるか、あなたの考えを書いて下さい。

〈今まで姫様のためにたくさんのつらい修行をしてきたんだろうに、それがむくわれなくてかわいそうだと思った。〉

⑥最後の「智光上人」のおとむらいの時、「幼い真福田丸が夢見心地で天にのぼって行く姿が見えた」ことを、どう思いますか。

〈智光上人としてではなく、姫様を護ろうと決めたときの彼なのかなと思った。成仏して良かった。〉

⑦姫様の死のショックから、仏の道を信じることで立ち直り、一生を仏の道にささげて尊い「お上人」にまでなった真福田丸を、どう思いますか。

〈心が強い人なんだなと思う。そうでなければ姫様のためにつらい修行を乗り越えられないし、死んでしまったショックから立ち直れないと思う。〉

★シート記入と「シート解答例」とのチェックがすんだら、
原稿用紙に感想文を書いてみましょう！

文例　藤袴胸に刻むの記①

　私は、このお話を読んだとき、真福田丸はなんて心が強い人なのだろう、と感心しました。姫様に助けてもらったあの日から、ただただ姫様のことを想って、書けなかった字を身につけ、猛然と勉強し、僧になり、姫様を護るためにとてもつらい修行にも耐え抜いたのです。「姫様のため」という、ただそれだけのためにどんなことでも乗り越えて行けた真福田丸の心の強さは、私も見習いたいと思

20 × 10

いました。

長くつらい修行から帰ってきて、あれだけ会いたいと思っていた姫様が死んでしまったと知り、真福田丸はひどくショックを受けました。そのときの真福田丸の気持ちは、この上ない悲しみだったと思います。私だったら立ち直れず、きっと寝たきりになってしまいます。しかし、真福田丸は立ち直り、さらなる修行の道を目指して、最終的には、「智光上人」という、尊いお上人と呼ばれるほどの

20 × 10

お坊さんになりました。それも真福田丸の強い心があったからだと思います。

20 × 10

文例　藤袴胸に刻むの記②

　私がこの物語を読んで一番いいな、と思ったのは、真福田丸が修行をしていて、山ぞくに取り囲まれた場面です。若くてもお坊さんになる修行をしているから、特別な力があったのかも知れません。

　でも、姫様を守るために何としても生きぬくんだ、という強い思いがなかったら、雷が落ちることもなく、山ぞくにころされてしまったのではないでしょうか。

20 × 10

　はじめ、「年はもいかぬ」真福田丸が姫様を好きになった時、最初は同情だったにしても年上の姫様が彼を大事にするのがふしぎに思えましたが、きっと姫様も、この真福田丸のいちずな強い思いにひかれたのだと思います。

　最後まで読むと、行基ぼさつが姫様に生まれて真福田丸をみちびいたとなっていて、そこのところはよくわかりませんでしたが、智光上人のおとむらいの時、最後に幼い真福田

20 × 10

丸が藤袴を身につけて、夢見心地で天に上っていったというのは、とてもすてきで、真福田丸、よかったね、と思いました。

20 × 10

忘れまい、八月六日の広島の朝を　読解シート記述例

①広島に落とされた原爆のこと、または『はだしのゲン』のことを知っていますか。知っていたら内容を書いて下さい。

〈『はだしのゲン』なら、友だちが読んでいるのを見かけたことがあります。くわしくは知りませんでした。〉

②中学一・二年生（男女とも）が建物疎開に動員されていたこと、その結果、多くの人が被爆して亡くなったことを、今の自分たちの学校生活とくらべて、どう思いますか。

〈今の学校は、昔とくらべるといじめが深刻だと思います。でも強制的に集められて死んでしまった人たちは気の毒です。〉

③「倒せ」、「引っ張れ」、「勝て勝て日本」、「僕は兵隊と変わりないんだね」という言葉が、それぞれの方たちが迫り来る死とたたかう中でもらした言葉です。どう感じましたか。

〈最初はよくわからなかったけど、文章を読んで、意味は少しわかりました。どうしてそんなふうに？と思いました。〉

④『はだしのゲン』のゲンは、被爆した時家が倒壊して父、姉、弟を失い、その後生まれた妹は栄養失調で、最愛の母は原爆症で亡くなり、初恋の相手の光子さんも、ずっと恐れていた原爆症に命を奪われます。それでも立ち直り、強く前に向かって進んで行くゲンの生き方を、どう思いますか。

〈そんなに強く生きられる人は少ないと思います。『はだしのゲン』を読んでみたくなりました。〉

⑤佐々木禎子さんのように、被爆してから長い間元気でいながら（禎子さんは二歳で被爆し、十二歳で発症、翌年亡くなりました）突然原爆症に襲われて亡くなった人のこと、そしてそのように残虐な原爆＝核兵器について、どう思いますか。

〈禎子さんのこともはじめて知りました。原爆のひどさがよくわかりました。〉

⑥この文章を読んで、「広島」、「原爆」について感じたこと、思ったことを書いて下さい。

〈広島は僕の住んでいる場所から遠いので、知識として原爆のことを少し知っている程度でしたが、この文章を読んでそのおそろしさがよくわかりました。戦争はだめだと思います。〉

★シート記入と「シート解答例」とのチェックがすんだら、

原稿用紙に感想文を書いてみましょう！

文例　忘れまい、八月六日の広島の朝を①

　折りづるの折り方を小さいころ習った時、教えてくれた近所のおばあちゃんが話してくれました。つるを折ることに、自分が生きられるようにと願いをこめた悲しい少女がいたのだということを。

　小学校に上がる前だったので、くわしいことはしばらく忘れてしまっていたのですが、四年生の時に、佐々木禎子さんのことを教わって、「ああ、この人のことだったんだ」と

20 × 10

記憶がつながった時、涙が止まらなかったのをよくおぼえています。とくに禎子さんが、病院の薬の包み紙でつるを折っていたのだと知って、なんとせつない思いだったのかと、私は思いました。さらに私が驚いたのは、禎子さんが自分の両親にさえ、心配をかけないように、「痛い」という言葉を口にしなかったということです。私は今禎子さんが入院した時と同じ六年生ですが、私だって、まだまだ親に甘えたい時があります。病気で辛か

20 × 10

ったらなおさら甘えてしまうでしょう。

　そんな禎子さんだったから、亡くなった後にみんなの気持ちが集まって、「原爆の子の像」が作られたのだと本で読んだことを、今回はっきりと思い出しました。

　今、世界の動きが非常に危険なものになっていると両親が話していました。私は禎子さんのことをみんなで思って、ずっと平和な世界を守りつづけていくべきだと思います。

20 × 10

文例　忘れまい、八月六日の広島の朝を②
　中学一年生や二年生が「建物そかい」に集
められていておおぜい亡くなったということ
を、ぼくは知りませんでした。
　ぼくは体育が苦手で、学校や区の行事の体
育大会などでどこかに集合させられるのも、
いやでたまりません。
　それなのに当時の人たちは、学年全員が、
動員と言うそうですが強制的に呼び集められ
て、建物などを壊す仕事をしていたなんて、

20 × 10

はじめこの文章を読んだときは、ちょっと信じられませんでした。

　そのうえ、作業に集められた人たちは原爆の投下でおおぜい亡くなり、広島二中の一年生は四人の先生と三百二十二人の生徒が全滅したそうです。どんなにくるしかったことでしょう。

　最後の時を迎える前に、「倒せ」とか「引っ張れ」とか、建物そかいの作業のことを口にして亡くなった人がいたそうです。「お国

20 × 10

のため」になるんだということも、はっきり言ってぼくにはよくわかりません。

　すこしだけわかったのは、別の文章に書かれていた、「自由な社会」がすばらしいのだということです。もっと広島のことを知るために、『はだしのゲン』を読んでみたいし、いつか機会があったら広島二中の慰霊碑を見に行ってみたいと思いました。

20 × 10

「長崎を最後の被爆地に」　読解シート記述例

①「長崎」についてあなたが持っていたイメージはどのようなものですか。「原爆」にふれなくていいので率直に書いて下さい。
〈カステラやザボン、「南蛮」のイメージです。〉

②永井隆博士は、ご自分が重い白血病（放射線科医の仕事のため）だった上に被爆の際の火傷と原爆症の身をおして、患者や、長崎の子どもたちを救おうとなさいました。そのお住まいを「如己堂（にょこどう）」と呼んだのは「己（おのれ）の如く隣人を愛せよ」の意味だそうです。どう思いますか。
〈今は「自分さえよければいい」と考える人が多いと、何かの記事で読みました。それとは正反対だと思います。〉

③被爆した経験のある人が、いつ自分にも原爆症があらわれるか、子や孫にまで影響が出るのではないか、というおそれにさらされたことを、どう思いますか。
〈想像もできないくらい、こわいです。だから核兵器をなくそうという声があるのだと、わかりました。〉

④長崎市立山里小学校、城山小学校の生徒たちが、毎年平和祈念式典で「あの子」を歌っていることを、どう思いますか。
〈長崎の子どもたちは、わたしたちと同じくらいの年で、重い歴史を背負っているんだと感じました。〉

⑤「悲しい別れ」の二人の少女の死、「死んではじめて着せられた晴着」、「死んではじめてされた化粧」のところを読んで、どのように感じましたか。

〈生きている間にお化粧をしたことがなく、晴れ着を着たこともないなんて、女の子としてかわいそうでしかたがないです。〉

⑥「長崎を最後の被爆地に」という訴えについて、どう思うか、73ページ5行目～74ページ13行目（最終行）までをよく読んだ上で自分の考えを書いて下さい。

〈「長崎を最後の被爆地に」といううったえは、きびしく大変なことだとわかりました。私たちにはむずかしいですが、もっといろいろなことを知らなければならないと思いました。〉

★シート記入と「シート解答例」とのチェックがすんだら、

原稿用紙に感想文を書いてみましょう！

文例　「長崎を最後の被爆地に」①

　「長崎の鐘」といううたは、僕のおじいちゃんが大好きな歌でした。僕にとっても遠い親せきになる、おじいちゃんのかなり年長のいとこが軍隊にいて、被爆後の長崎に入ったそうです。

　おじいちゃんも、そのいとこのおじさんから、おじさんが直接見た長崎のようすは、聞けなかったと言っていました。そのおじさんもあまりにむごい状態だったから話すことは

20 × 10

できないと言ったそうですし、おじさんと同じようにあとから長崎や広島に入って原爆症になった人がいることを知っていたおじいちゃんは、おじさんも同じ不安をかかえているのではないかと思ったので、あまり深く質問したりはできなかったそうです。

　おじいちゃんは五年前に亡くなりました。この本に書いてある通り、これからは僕たちが長崎や広島のことを忘れず、自分たちの目と心をみがいていくべきだと思いました。

20 × 10

文例　「長崎を最後の被爆地に」②

　長崎に原爆が落とされたのは七十八年前のことですから、おばあちゃんもまだ生まれていないころです。亡くなったおじいちゃんが三つか四つのころだと思います。

　その母の家の祖父母はどちらも東京の出身で、父の方もずっと群馬県ですから、長崎や広島の原爆のことを、私はよく知りませんでした。

　でも、日本でも過去にこんなにおそろしい

20 × 10

ことがあったのだと知って、自分が大切なことを知らなかったのだと気づきました。

永井隆博士という人は、自分がもともと白血病で、その上原爆で重傷を負ったのに、患者の治療をしたと書いてありました。でも奥さんは自宅の焼け跡で骨さえ見つからず、ロザリオだけがみつかったのだそうです。

一番最後に「長崎の鐘」という歌の歌詞が載っていて、「形見に残るロザリオの」という歌詞がありますが、それはきっと永井博士

20 × 10

の奥さんのものなのだろうと思いました。

　思ったことを率直に書け、と本に書いてありました。率直に言って、戦争は絶対に嫌です。核兵器も、絶対にあってはいけないものだと思いました。広島の「原爆の子の像」もみんなの声が集まってできたと書いてありました。私たちみんなは、知らなすぎです。まず自分の国の過去のことを、しっかり知ることからはじめるべきだと、私はつよく思いました。そのためにたくさんの本を読み、はじめは自分の家から行けるところからでも、戦争の歴史を伝えている場所へ行ってみて、自分で考え、周りの人にも伝えることが大事だと思いました。

20 × 10

作品名

／

氏名

言問学舎

40

80

120

160

200

作品名

／

氏名

言問学舎

40

80

120

160

200

作品名

氏名

言問学舎

40

80

120

160

200

作品名

／

氏名

言問学舎

200 160 120 80 40

作品名

氏名

言問学舎

40
80
120
160
200

作品名

／

氏名

言問学舎

200 160 120 80 40

作品名

氏名

言問学舎

200 160 120 80 40

作品名

／

氏名

言問学舎

200 160 120 80 40

作品名

／

氏名

言問学舎

200 160 120 80 40

作品名

氏名

言問学舎

200 160 120 80 40

作品名

氏名

言問学舎

40 80 120 160 200

作品名

氏名

言問学舎

200 160 120 80 40

作品名

／

氏名

言問学舎

200

160

120

80

40

作品名

氏名

言問学舎

40 80 120 160 200

作品名

／

氏名

言問学舎

200 160 120 80 40

作品名

／

氏名

言問学舎

200 160 120 80 40